Transfert des savoirs et apprentissage en situation interculturelle et plurilingue

Education comparée

Collection dirigée par Dominique Groux

La collection éducation comparée est destinée aux enseignants et futurs enseignants, aux formateurs et aux parents d'élèves, aux chercheurs et décideurs.
Elle veut montrer l'utilité et les bénéfices que l'on peut attendre de la démarche comparative dans le domaine éducatif et la nécessité absolue de mettre en place des échanges au niveau des collèges, des lycées et des universités.

Déjà parus

J.-M. CARTIER, L. PORCHER, *Apprendre et enseigner d'hier à aujourd'hui*, 2010.
M.-A. HUGON, G. PEZEU, V. BORDES (coord.), *Éduquer par la diversité en Europe*, 2010.
C. GONÇALVES, D. GROUX, *Approches comparées de l'enseignement des langues et de la formation des enseignants de langues*, 2009.
L. PORCHER, *L'éducation comparée : pour aujourd'hui et pour demain*, 2008.
S. HANHART, A. GORGA, M.-A. BROYON et T. OGAY (dir.), *De la comparaison en éducation. Hommage à Soledad Perez*, 2008.
Philippe MASSON, *Pour une formation des enseignants à l'Europe,* 2004.
Denis POIZAT, *L'éducation non formelle*, 2003.
Dominique GROUX et Henri HOLEC (dir.), *Une identité plurielle, Mélanges offerts à Louis Porcher*, 2003.
Dominique GROUX (dir.), Soledad PEREZ, Louis PORCHER, Val D. RUST, Noritomo TASAKI, *Dictionnaire d'éducation comparée*, 2003.
Dominique GROUX (dir.), *Pour une éducation à l'altérité*, 2002.
Richard ETIENNE et Dominique GROUX (dir.), *Echanges éducatifs internationaux : difficultés et réussites,* 2002.
Soledad PEREZ et Olivia STROBEL (dir.), *Education et travail, Divorce ou entente cordiale ?*, 2001.

Marie-Madeleine BERTUCCI

Isabelle BOYER

Transfert des savoirs et apprentissage en situation interculturelle et plurilingue

De Marie-Madeleine Bertucci

Les langues des élèves. Le français aujourd'hui. 2003. 143. Paris : AFEF. 127 p. (avec J. David)
Quel français à l'école ? Les programmes de français face à la diversité linguistique. 2004. (coll. Savoir et formation). Paris : L'Harmattan. 214 p. (avec C. Corblin)
Français des banlieues, français populaire ? 2004. Amiens : CRTH / UCP. Encrage édition. 112 p. (avec D. Delas)
Situations de banlieue : enseignement, langues, cultures. 2005. (Coll. Éducation, Politiques, sociétés). Lyon : INRP. 290 p. (avec V. Houdart-Merot)
Enseigner les langues d'origine. Le français aujourd'hui. 158. 2007. Paris : Armand Colin / AFEF. 135 p. (avec C. Corblin)
Étudier la langue. Cahiers Pédagogiques. 453. 2007. Paris : CRAP-Cahiers pédagogiques. 70 p. (avec J. David)
Descriptions de la langue et enseignement. Le français aujourd'hui. 162. 2008. Paris : Armand Colin / AFEF. 144 p. (avec J. David)

D'Isabelle Boyer

Boyer, I. 1999. « Ethnothéories parentales et acquisitions quotidiennes ; une étude comparative : Jakarta, Londres, Paris. » Dans B. Bril, P. Dasen, C. Sabatier et B. Krewer (eds) *Propos sur l'enfant et l'adolescent. Quels enfants pour quelles cultures* ? (pp.111 – 131). L'Harmattan - collection interculturelle
Boyer, I., Cormier, B. 2007. « Représentations du corps médical dans les bandes dessinées et les séries télévisées. Propositions pour une lecture de la verticalité dans la relation médecin/patient. » Dans S. Brodziak (eds) *Le corps à l'œuvre*. Edition Le Manuscrit (recherche- université), Paris. En collaboration avec Béatrice Cormier-Rodier
Boyer, I., Turpin, B. (eds), 2008. *Jeunesse, Médias et lien social*. Encrage édition, Amiens

5-7, rue de l'Ecole-Polytechnique, 75005 Paris

http://www.librairieharmattan.com
diffusion.harmattan@wanadoo.fr
harmattan1@wanadoo.fr

ISBN : 978-2-296-13563-5
EAN : 9782296135635

Comité de lecture

Nous tenons particulièrement à remercier pour leur lecture attentive et leurs précieux conseils Véronique Castellotti (Université François Rabelais de Tours), Jean-Louis Chiss (Université Paris III-Sorbonne Nouvelle), Daniel Coste (Ecole Normale Supérieure Lettres et Sciences humaines), Lene Schoeler (Université de Copenhague), Diana Lee Simon (Université Stendhal, Grenoble III), Mariagrazia Margarito (Université de Turin), Geneviève Zarate (Inalco).

SOMMAIRE

PRESENTATION

Marie-Madeleine Bertucci & Isabelle Boyer

Apprendre une langue, se confronter à une culture différente constitue « une aventure cognitive, culturelle, sociale, affective » (Coïaniz, 2005 : 5) dans la mesure où la confrontation avec des structures langagières et culturelles autres induit un bouleversement en profondeur de la relation que le sujet entretient avec le monde (Id.) et l'amène à une confrontation avec l'altérité que représente l'interculturalité. On entend par interculturalité l'un des deux aspects mentionnés par Dasen pour définir les études interculturelles, c'est-à-dire « l'interaction entre les cultures (étude sur les processus d'interaction entre individus ou groupes relevant de différents enracinements culturels) » (1988 : 123).

Le présent ouvrage a pour but de présenter un certain nombre de situations interculturelles qui se jouent autour de l'apprentissage des langues dans un contexte plurilingue et variationniste et de réfléchir autour des modalités de transfert des savoirs dans un cadre, où la didactique a partie liée avec l'identitaire. Cette donnée est essentielle ici dans la mesure où elle implique que les acteurs sociaux ont des comportements *fluctuants* et *adaptatifs* (Kastersztein, 1999 : 30), ce qui leur permet d'évoluer en fonction des situations et de s'adapter à l'espace social. L'identité apparaît comme une sorte de *boîte à outils* pour reprendre l'expression de Devereux, chaque outil constituant un élément identitaire, que le sujet mobilise selon l'interaction. Ainsi, les langues vont être utilisées en fonction de leur intérêt dans le type d'interaction auquel est confronté le sujet. Ceci n'empêche pas pour autant que l'identité soit composée d'éléments stables qui rendent parfois difficile l'adaptation des groupes ou individus à un contexte culturel nouveau :

> *Tactiquement les acteurs vont réagir en fonction de la représentation qu'ils se font de ce qui est mis en cause dans la situation, des enjeux et des finalités perçus, mais également en fonction de l'état du système dans lequel ils sont impliqués et qui fait peser sur eux une pression constante à agir dans tel ou tel sens (Id. : 31).*

Ces stratégies ont pour effet de contribuer à une visibilité sociale des sujets, leur assurant la possibilité de se différencier, l'essentiel étant à la fois d'être reconnu par le groupe, en obtenant une place spécifique et de ce fait de se constituer en tant que sujet par l'appartenance à un groupe et la reconnaissance d'une singularité. La langue en tant que marqueur identitaire traduit « l'appartenance plus ou moins marquée à un endogroupe et la différenciation entre cet endogroupe et un exogroupe qui vont jouer un rôle essentiel dans le sentiment d'identité » (Deschamps & Moliner, 2008 : 141). Chaque langue correspond donc à une fonction précise extérieure et intérieure, sociale et intime.

Ceci étant, quel rapport le plurilinguisme entretient-il avec l'altérité ? On essaiera de voir en quoi l'altérité est installée au cœur du plurilinguisme.

Les langues ne sont pas sur un pied d'égalité et les relations hiérarchiques qu'elles entretiennent contribuent à entretenir une relation inégalitaire, réelle ou imaginaire entre les locuteurs. Les représentations autour du français sont particulièrement significatives de cette relation. Le plurilinguisme peut être une clé de la saisie et de la compréhension de l'altérité. Le sujet plurilingue est ainsi en proie à une tension ou à une disjonction qui se construit à travers des traits linguistiques ou culturels parfois en contradiction (Prieur, 2006 : 112). Les situations de contact de langues suscitent une mobilisation discontinue des positions subjectives qui conduisent à une saisie de la réalité variable en fonction des univers symboliques et culturels auquel le sujet est confronté à travers son répertoire de langues. (Prieur, id. : 113) Cet état d'*entre-deux-langues* (Id.) fait du sujet le lieu du passage, de la mobilité, de l'hétérogénéité, notions qui permettent de cerner l'altérité. Cette situation peut être le lieu d'un conflit, d'un clivage mais aussi d'une transformation de soi, d'une ouverture à l'autre.

Dans ces conditions, on avancera l'idée que la reconnaissance de la différence au plan linguistique et culturel serait peut être une avancée, en termes d'amélioration des conditions d'apprentissage. L'ethnopsychiatrie admet l'idée qu'il existe une souffrance de la langue qui résulte des différences culturelles et qui peut engendrer des troubles de l'identité (Kaës, 2001). Kaës postule que l'ignorance qu'a l'école de la langue maternelle des élèves, peut engendrer une crise, pour l'élève, liée sinon à un sentiment de perte, tout au moins de non reconnaissance de sa langue maternelle. De là, peuvent naître des troubles de l'apprentissage du français qui n'ont pas été mesurés en milieu ordinaire[1] et qui font souvent l'objet d'un déni. Face à l'étranger, les mécanismes de défense sont tantôt « le recours […] aux références culturelles habituelles, tantôt l'abandon ou le déni de nos propres repères culturels identificatoires pour se « fondre » dans un nouveau groupe d'appartenance » (Kaës, id. : 56). L'expérience de l'exil comme expérience

[1] On entend par milieu ordinaire toute situation scolaire hors classe d'initiation (CLIN) ou d'apprentissage (CLA).

de l'altérité provoque un choc des cultures dont la violence pèse de tout son poids sur la construction de l'identité des élèves, même de deuxième génération. Moro écrit dans son ouvrage intitulé *Psychothérapie transculturelle des enfants de migrants* que les familles migrantes évoluent ou peuvent évoluer dans « un univers culturel bricolé » (Moro, 1998 : 87), qui accueille des éléments des deux systèmes culturels. On supposera que l'apprentissage du français constitue un élément de vulnérabilité notamment parce qu'on mesure mal les mécanismes de son acquisition. La situation de transculturalité diminue *le degré de prévisibilité du monde extérieur car ce monde est mal connu des parents* (Id. : 92) et conduit l'enfant à devoir assimiler seul un certain nombre de fonctionnements, notamment langagiers. Elle peut donc favoriser un certain déséquilibre et faire de l'enfant un *enfant exposé* à la transculturalité, au métissage (Id. : 94). Si certains connaissent des réussites spectaculaires ou plus simplement traversent ces épreuves sans encombre, d'autres y rencontrent des difficultés. La communication interculturelle ne peut se faire que si le sujet, s'affirme et est reconnu par autrui dans un fonctionnement complémentaire, sans processus d'exclusion (Touraine, 1997 : 210). La prise en compte de l'altérité semble donc décisive dans ce cas précis et à construire en lien avec une conception du sujet apprenant et de sa relation au savoir.

Touraine montre que le sujet est « l'appel à la transformation de soi en acteur » (1992 : 269). Le terme *acteur* n'est pas un principe moral, il ne s'identifie pas à la communauté, la nation ou l'ethnie, comprises par l'auteur comme « des fragments éclatés de la modernité » (Id. : 283). Au contraire, il est défini par son action, son aptitude à tisser des liens, à construire des relations ou des oppositions (Id. 282). De ce fait, il est difficile de séparer le sujet de sa situation sociale. Il participe à la construction de l'expérience sociale (Id. : 301) et constitue un principe fondateur de l'analyse des manifestations de la vie individuelle et collective (Id. : 361). Cette analyse construit la figure de l'élève ou de l'enseignant comme acteur, non plus dans l'isolement mais dans une action orientée par la réflexivité et productrice de théories ayant pour enjeu la transformation du social.

Ces rapports sociaux sont des rapports de pouvoir et leurs orientations culturelles sous-tendent les conflits sociaux. Les modèles culturels sont les moyens par lesquels une société produit ses normes notamment dans le domaine de la connaissance, le sujet constituant une force critique. La conception du sujet comme acteur est un acquis théorique incontestable car il prend en compte l'aptitude du sujet à produire le social, d'où sa position de sujet.

Cette hypothèse est productive au plan méthodologique car elle permet de poser la société et, partant de là, l'école comme un champ conflictuel. Dans un certain nombre de cas, la faible intégration ou la méconnaissance de pratiques sociales et culturelles, expliquent la possibilité de conflits sociaux (Martucelli, 1999 : 484) et les rapports de classes. Elle est également intéressante en ce qu'à travers la notion de subjectivation, elle rend possible l'analyse de certaines catégories, qui tentent de s'imposer comme sujets et de reconstruire une unité entre le travail et la culture, entre les exigences du marché et des communautés. Il s'agit entre autres et pour ce qui concerne les recherches abordées ici, des membres des minorités, des migrants, et de tout ce qui concerne la banlieue et les publics socio-économiquement défavorisés.

La question du sujet est complexe, on a tenté de le montrer, et c'est dans toute sa complexité qu'elle doit être abordée, si on admet de se situer dans une perspective où les catégories ne sont pas isolées les unes des autres mais rentrent en interaction, dans une situation de porosité. Elles coexistent tout en se plaçant sur des territoires radicalement différents les uns des autres. On avancera que c'est une condition pour saisir l'altérité, en se situant dans la perspective de la pluralité, de l'hétérogénéité.

C'est dans cette perspective que Béatrice Turpin analysera les modalités de transfert du savoir, en pensant la connaissance comme objet d'emblée discursif. Selon elle, la connaissance, comme la langue, s'insèrent dans un processus de circulation où socialité et historicité sont indissociables. La communication et a fortiori le transfert du savoir n'est donc jamais un acte neutre. Il est toujours message, émis/interprété, par un acteur social à partir de l'expérience qui le constitue. L'importance du contexte, de l'histoire, de l'ici et maintenant posent l'hétérogénéité radicale de l'émetteur et du récepteur – ainsi que de chacun d'entre eux avec lui-même : le discours s'élabore en même temps qu'il se dit dans un mouvement réflexif au cours duquel chaque allocutaire est également cet autre pour lui-même. La communication est par conséquent toujours complexe.

Isabelle Boyer montre ensuite que l'acquisition puis la maîtrise d'une langue est un processus long et culturellement marqué, qui s'appuie en dehors des situations académiques, sur les nombreuses opportunités offertes à l'enfant dans sa vie quotidienne. Ces activités soulignent le grand nombre de possibilités de verbalisation offertes à l'enfant, au travers de multiples interactions, chaque interaction étant l'occasion de nouveaux apprentissages. En effet, c'est au sein même de l'interaction, quel que soit le contexte socioculturel considéré, que se transmet un grand nombre de compétences. Sa recherche se propose donc d'étudier les stratégies verbales ou langagières présentes lors d'une situation d'interaction entre un enfant et un adulte (la mère) et cela dans deux contextes culturels différents : Jakarta et Paris.

Marie-Madeleine Bertucci met en évidence que l'institution scolaire ne prend pas en compte dans les classes ordinaires le plurilinguisme familial des élèves, qui serait une richesse culturelle, une aide à l'apprentissage du français et un atout professionnel ultérieur potentiel. C'est la raison pour laquelle, elle défend l'idée qu'une reconnaissance, voire un enseignement organisé et structuré des langues de la maison favoriserait l'acquisition du français, en confortant la place des élèves plurilingues, en la rendant visible, voire légitime et que loin de constituer un frein à l'apprentissage du français en tant que langue de scolarisation, l'enseignement de certaines de ces langues ou tout au moins des plus répandues, autoriserait l'intégration et la reconnaissance de ces élèves. Elle tente de montrer qu'il est souhaitable de réfléchir à la manière dont se construit un savoir sur la langue. Une telle réflexion pourrait guider une didactique, qui prendrait en compte le savoir des élèves. A des problèmes spécifiques répond une formation spécifique et cet enseignement qui peut apparaître contextualisé, amène à s'interroger sur le statut de la différence dans une école très marquée par la conception universaliste. C'est peut-être là que doit s'ouvrir une réflexion collective dans la mesure où les problèmes liés à/aux langues dépassent la seule didactique car ils conduisent à poser la question de l'intégration et plus largement celle du statut de l'altérité à l'école.

Muriel Molinié prolonge la réflexion entamée par l'article précédent et souligne qu'il convient de développer chez les enseignants de langues/cultures leur capacité à prendre appui sur la diversité des élèves afin de développer les compétences linguistiques et culturelles de ces derniers. Elle fait ressortir que la diversité française ne se traduit pas par un développement de richesse (sociale, culturelle) pour ceux qui en sont les porteurs mais que ceux-ci se trouvent plutôt confrontés à une série d'inégalités sociales et éducatives. Elle fait le constat qu'en France, les enseignants ne sont pas encore suffisamment formés pour penser leur enseignement en relation avec la diversité sociale, linguistique et culturelle de leurs élèves et pour faire de cette diversité un vecteur d'apprentissage scolaire. Pourtant, la capacité à utiliser la diversité comme levier de réussite paraît d'autant plus importante *qu'a contrario*, un lien existe entre d'une part, la faible prise en compte de la variation socioculturelle et sociolinguistique de certains élèves dans leur cursus scolaire formel et, d'autre part, leur non-réussite scolaire. Tout l'enjeu de la réflexion de Muriel Molinié est donc de savoir comment former des praticiens réflexifs capables de prendre en compte leur propre plurilinguisme/ pluriculturalisme et, par conséquent, celui de leurs élèves, de façon à en faire une ressource et un vecteur de réussite pour eux et pour ces derniers.

Dominique Fattier donne un exemple concret avec le créole haïtien, de l'appui que peut constituer le plurilinguisme pour l'apprentissage des langues, c'est ce qu'elle appelle le *détour*. Dans son texte, il sera question de deux expériences du détour par une langue créole, celle d'Haïti, pour faire redécouvrir ou faire découvrir le français, dans un premier temps, dans le cadre d'un cours dédié à « l'apprentissage réflexif du créole haïtien, langue inconnue », chez des étudiants de licence et qui leur donne l'occasion d'une redécouverte du français. Dans un deuxième temps, elle montrera qu'il s'agit d'une approche visant à fonder, dans les aires créolophones, les stratégies pédagogiques initiales d'une initiation au français sur les éléments communs, homologues ou proches, dans la langue-source et dans la langue-cible.

Colette Corblin et Jacques David offriront ensuite un témoignage sur l'enseignement du français en Tunisie et une contribution à une réflexion plus large sur la didactique du français langue étrangère, seconde, ou de scolarisation, en partant du point de vue des sciences du langage et de la formation des enseignants de français, à l'œuvre dans la situation plurilingue de la Tunisie. A travers l'analyse de plusieurs exemples, ils montreront les principales sources de difficultés rencontrées, d'une part, par les élèves, dans des situations de production écrite, et d'autre part, par des enseignants plus ou moins expérimentés lors de l'élaboration des cours de français. Cette démarche les conduira à poser de façon nouvelle la problématique des modalités d'enseignement du français, langue de scolarisation en Tunisie.

Enfin Daniel Delas et Nicolas Martin-Granel aborderont la question de l'enseignement du français à Madagascar. Après un rappel historique, ils insisteront sur l'urgence qu'il y a à moderniser les cadres conceptuels et à actualiser les problématiques de l'enseignement du français en contexte plurilingue sur la Grande île, en analysant les expériences passées et en proposant des approches nouvelles.

Bibliographie

Coïaniz, A. 2005. *Langages, cultures, identités : questions de point de vue*. Paris : L'Harmattan.

Dasen, P.R. (1988). « Cultures et développement cognitif : la recherche et ses applications ». In Bureau, R. & Saivre, D. de (eds). *Apprentissage et cultures*. Paris : Karthala. pp. 123-141.

Deschamps, J.-C. & Moliner, P. 2008. *L'identité en psychologie sociale*. Paris : Armand Colin.

Kaës, R. 1998. *Différence culturelle et souffrances de l'identité*. Paris : Dunod.

Kasterztein, J. 1999. « Les stratégies identitaires des acteurs sociaux : approche dynamique des finalités ». In Camilleri, C., Kasterztein, J., Lipianski, E.-M., Malewska-Peyre, H., Taboada-Leonetti, I. & Vasquez, A. 1999. *Stratégies identitaires*. Paris : PUF. pp. 27-41.

Martucelli, D. 1999. *Sociologies de la modernité*. Paris : Gallimard.

Moro, M.-R. 1998. *Psychothérapie transculturelle des enfants de migrants*. Paris : Dunod.

Prieur, J.-M. 2006. « Contact de langues et positions subjectives ». In Gadet, F. & Varro, G. 2006. *Le scandale du bilinguisme. Langues en contact et plurilinguismes. Langage et société*. 116. Paris : Maison des sciences de l'homme. pp. 111-118.

Touraine, A. 1992. *Critique de la modernité*. Paris : Livre de poche.

Touraine, A. 1997. *Pourrons-nous vivre ensemble ? Egaux et différents*. Paris : Fayard.

MODALITES DES TRANSFERTS DU SAVOIR

Béatrice Turpin[2]

Université de Cergy-Pontoise
EA 1392 CRTF, pôle LaSCod
F-95000 Cergy-Pontoise

L'oralité, puis l'écriture ont été traditionnellement moyens de communication ou de partage, cette communication et ce partage impliquant une manière de se représenter le monde, de le conceptualiser. D'emblée, le langage a partie liée avec la connaissance, car c'est par la langue que nous appréhendons le monde. Il n'y a pas d'un côté les objets du monde, de l'autre le langage, avec un signe-étiquette qui serait ensuite attaché à chaque objet. Cette conception ne permet pas d'expliquer l'abstraction en général, que celle-ci relève du lexique ou de la syntaxe, abstraction qui est pourtant présente dès qu'il y a langue, comme le montre la conception saussurienne du signe qui lie, quant à elle, indissociablement langage et capacité d'abstraction : le signe est avant tout négatif et différentiel, sa 'valeur' étant déterminée par la présence/absence d'autres signes. Cette remise en cause de l'illusion référentielle, en pensant la langue par rapport à la valeur, appréhende d'emblée la formation de connaissance, dont la

[2] Beatrice.turpin@u-cergy.fr

langue est la condition sine qua non, dans son aspect relationnel[3].

La théorie saussurienne se situe ainsi au-delà du paradigme platonicien de la conventionalité qui gouverne à la fois la conception classique de la langue et celle de la connaissance. Platon considère en effet la relation du mot à la chose comme allant de soi et la connaissance comme résultant de la nature des choses. Il y a, certes, chez le philosophe grec une interrogation sur l'arbitraire, dans *Le Cratyle*, par exemple, mais aucune interrogation sur la valeur. L'idéalisme platonicien, considère que les connaissances vont de soi, sont extérieures à l'acte de connaissance. Descartes lui-même s'insère dans ce paradigme, en posant d'un côté le monde, de l'autre la pensée. La théorie saussurienne aboutit de ce point de vue à un changement de paradigme, paradigme dont le linguiste genevois a pu avoir du mal à se détacher, ayant parfois tendance à rétablir un signifié transcendantal[4].

---

[3] Notons ici que l'anthropologie a pu un temps légitimer un ethnocentrisme en déniant aux peuples dits « primitifs » cette capacité d'abstraction, établissant une hiérarchie entre les langues de ce point de vue, mais n'expliquant pas le passage du concret à l'abstrait, sauf par le passage à un stade supérieur de l'esprit humain. Cette conception est étroitement liée à la vision d'une langue comme nomenclature, oubliant qu'une langue est également un système d'abstractions grammaticales, qu'elle est même, comme l'a montré Saussure, tout entière 'grammaire'. Cette conception de la langue comme système de valeurs introduit une brèche dans un ethnocentrisme encore bien présent à l'époque du linguiste en même temps qu'elle remet en question le dualisme entre la langue et les choses du monde.

[4] « Le signifié 'bœuf' a pour signifiant *b-ö-f* d'un côté de la frontière, et *o-k-s* (ochs) de l'autre » (Saussure, 1973 : 100) – alors que l'exemple choisi, mis en rapport avec la théorie de la valeur, invalide le fait même que 'bœuf' et 'ochs' aient une valeur identique, même si leur référent peut l'être.

Ce point de vue permet en outre de penser la connaissance comme objet d'emblée discursif. La connaissance, comme la langue, s'insère en effet dans un processus de « circulation » ; socialité et historicité y sont indissociables[5]. Textes, récits, médiatisent l'expérience d'autrui ou les connaissances d'une société, celles qui la façonnent et la structurent, mais également celles qui la transforment. La communication n'est donc jamais un acte neutre. Elle est toujours message, émis/interprété par un acteur social à partir de l'expérience qui le constitue. Cette expérience, c'est son histoire, c'est-à-dire aussi celle de la société dans laquelle il vit. Toute communication, toute organisation de signes, est insérée dans un contexte historique et social qui lui donne sens, dans un ici et maintenant qui a lui-même une histoire. L'importance du contexte, de l'histoire, de l'ici et maintenant posent l'hétérogénéité radicale de l'émetteur et du récepteur – ainsi que de chacun d'entre eux avec lui-même : le discours s'élabore en même temps qu'il se dit dans un mouvement autoréflexif au cours duquel chaque allocutaire est également cet autre pour lui-même. La communication est par conséquent toujours complexe, ni directe, ni transparente.

La communication a toujours un objet ; cet objet peut être un savoir de connaissance ou un savoir-faire, ceux-là

---

[5] Pour l'importance de la dimension discursive chez Saussure, voir Turpin (1995-1996 ; 2003).

Certaines recherches en psychologie, particulièrement en psychologie du langage, remettent elles-mêmes en question la séparation du monde et du langage, montrant que c'est par l'expérience humaine que s'élaborent les processus cognitifs qui permettront à l'homme de devenir homme de parole. Voir par exemple Bronckart (1985 ; 1996). Ce n'est pas un hasard si ces recherches s'insèrent résolument dans l'épistémologie saussurienne.

devant être distingués. Un savoir-faire ne présuppose pas toujours un savoir de connaissance (on peut réaliser une action ou une expérience sans en comprendre nécessairement les fondements), un savoir de connaissance ne renvoie pas nécessairement à un savoir-faire, mais en demeure la potentialité[6].

Ces généralités posées sur la communication nous semblent pouvoir éclairer les caractéristiques de la communication du savoir de connaissance, dont nous étudierons ici les principales modalités : la conversation ordinaire, la communication scientifique, la communication de vulgarisation et la communication pédagogique[7]. Nous verrons comment la didactique s'articule avec ces formes de communication, particulièrement les trois dernières.

---

[6] Bien qu'on puisse penser que toute connaissance, donc tout discours de connaissance, et plus fondamentalement tout discours soit le produit d'opérations renvoyant à un agir. Voir par exemple Bronckart (1996 : 19-70) : « Cadre et questionnement épistémologiques ».

[7] Par modalité, nous faisons ici référence au mode d'interaction mis en œuvre dans une action de communication, mode qui s'appuie sur le paramètre de la finalité. Ce mode de sémiotisation permet de regrouper ces discours, de rendre compte de leur interrelation et de leurs diverses propriétés formelles. Nous n'avons ici envisagé que les modalités de transfert du savoir de connaissance de type analytique, que nous distinguons du symbolique, ces deux types de savoirs relevant de deux logiques différentes (mais jamais totalement opposées) : logique analytique, démonstrative, référentielle d'une part ; logique associative, métaphorique, imaginative d'autre part. La première vise à une interprétation du monde, la seconde le met en récit, le fait vivre et le figure (voir à ce sujet Hall, 1973).

La conversation ordinaire

La finalité de la conversation est l'échange de savoirs généraux. Nous sommes ici dans l'espace de l'interlocution, avec les règles qui lui sont propres. La conversation est communication de savoirs ; elle est également productrice de ce savoir : le sens naît alors de l'interlocution même, co-construit par l'exercice même de la conversation. Un exemple en est le modèle de la maïeutique platonicienne (le questionnement amène à une réélaboration discursive, à « penser différemment »).

Cet échange a une structuration spécifique : il s'inscrit dans une temporalité, une alternance des prises de parole, que celles-ci soient orales ou écrites (le tchat, par exemple) et dans un « travail collaboratif » « co-produit » (Kerbrat-Orecchioni, 1996 : 6). Les énoncés y sont ainsi « mutuellement déterminés » (Kerbrat-Orecchioni : 35). Ils s'organisent en séquences linéaires, qui peuvent être également imbriquées ou croisées, avec des points de transition marqués par des signes verbaux (questions, reformulations, « nœuds » sémantiques et prosodiques) et non verbaux (gestes, mimiques).

Le contexte influe sur le contenu et l'organisation structurelle de la conversation. Des modalités différentes de conversation peuvent être distinguées, en fonction du statut respectif des interlocuteurs et du rôle qu'ils jouent : entretien (conversation dirigée vers un but : elle est plus ou moins « dirigée », avec par exemple l'entretien d'embauche, d'évaluation, l'entretien médical...), l'interview (entretien centré sur un objet – qui peut être l'allocutaire) et qui consiste en une succession de questions et de réponses[8].

La conversation met en scène une égalité structurelle entre allocutaires par le fait même de la possible alternance de la parole. Cette égalité n'est pas toujours de fait : la relation de hiérarchie se manifeste alors dans la négociation des alternances et des temps de parole, dans des marques linguistiques particulières à chaque langue ou des signes non verbaux propres à une culture.

La conversation met également en scène des règles culturelles que l'apprentissage, dès la prime enfance, a permis d'intérioriser, cela avant même la scolarisation. Ces règles sont inscrites tant au niveau des signes non verbaux que des signes verbaux ainsi que dans l'enchaînement des séquences. Les signes linguistiques expriment les usages normalisant les interactions, usages qui sont propres à une culture et qui peuvent être distincts à l'intérieur d'une même langue, la notion de langue ne recouvrant pas celle de culture. La culture pouvant être définie comme une consistance forte d'usages et de représentations, toute culture est elle-même inhomogène, constituée de différences liées à l'origine sociale, régionale, etc. - une culture homogène étant un imaginaire du même ordre qu'une langue homogène.

Les différences culturelles des signes non verbaux ont été étudiées par l'école interactionniste américaine, notamment par Hall (1971) qui analyse les distances entre personnes dans différentes situations de communication, montrant qu'un non-respect de ces signaux inconscients peut induire une méprise sur le comportement ou les

---

[8] L'interview peut également être narrativisée (journalisme de reportage), comme tout type de conversation.

attitudes de tiers. Se rapprocher plus qu'il n'est d'usage dans une culture donnée peut être interprété comme un acte d'agressivité, de même que le fait de toucher autrui au cours d'une conversation. Un film récent, *Gran Torino* de Clint Eastwood met en scène cette différence dans les interactions entre un Américain, ancien vétéran de Corée et un groupe de Hmongs réfugiés aux USA après la guerre en Asie du Sud-Est. Chez les Hmongs, comme dans beaucoup de pays asiatiques d'ailleurs, ne pas regarder le visiteur ou l'interlocuteur est signe de respect, sourire est signe de gêne. Or, l'interprétation de ces signaux se fait à travers les filtres de la culture d'appartenance de celui qui interprète et peut mener à des situations d'incompréhension, voire de conflits. Les règles de politesse sont elles-mêmes variables. Ainsi la nécessité du remerciement diffère-t-elle selon les cultures et à l'intérieur de celles-ci selon les situations. En France, il est d'usage de remercier aussi bien dans les échanges familiers que dans les échanges publics. Dans d'autres pays, le remerciement explicite dans une situation de communication familière peut être ressenti comme une insulte (Japon, Corée, Inde, certains pays d'Afrique, etc.). Les façons de réaliser le remerciement et d'y répondre varient également. Au Japon, certaines formules d'excuse s'emploient quand nous attendrions un remerciement : « le sentiment de gratitude est au Japon indissociable de celui de culpabilité : en acceptant un cadeau ou un service, vous acceptez du même coup de léser le territoire d'autrui » (Kerbrat-Orecchioni, 1996 : 87). Cette variabilité n'est pas contingence : les règles de politesse telles qu'exprimées dans les signes verbaux ou non verbaux sont corrélées à des règles liées à l'éthos d'une communauté, à sa manière de se comporter dans l'interaction (Kerbrat-Orecchioni : 78).

Les énoncés peuvent aussi avoir des implicites différents, qui risquent de mener à des malentendus. Nous prendrons ici l'exemple du « Oui » qui a des valeurs différentes en Occident, en Orient ou en Extrême-Orient (nous posons ici ces délimitations par commodité, sachant qu'elles ne recouvrent pas des zones de répartitions homogènes sur le point envisagé) : ce « Oui » peut être un assentiment de l'énoncé, un « Oui » de politesse pour ne pas décevoir ou bien un « Oui » pour dire « Je vous ai compris ». Dans *Mémoires d'un nomade*, Bowles raconte ainsi avoir attendu vainement un autocar pour Taroudant après qu'on lui eût répondu, lui semblait-il affirmativement, à sa question de savoir s'il y avait des cars pour cette ville. Interrogée ultérieurement la personne qui l'avait renseigné lui répondit : « j'essayais seulement d'être aimable. Il n'y a pas de car » (Bowles, 1989 : 227).

L'enchaînement des énoncés dans une conversation suit également des règles temporelles différentes selon les cultures. Ainsi les pauses d'interdiscours peuvent-elles varier de trois dixièmes de seconde pour les Français, à cinq dixièmes pour les Américains du Nord, ce qui peut conduire ces derniers à une difficulté de prise de parole dans une situation de communication interculturelle. La longueur maximum de ces pauses, au-delà de laquelle la situation est ressentie comme embarrassante est elle-même variable : les Lapons du nord de la Suède ou certaines sociétés amérindiennes tolèrent communément un silence qui peut s'étendre sur plusieurs minutes (Kerbrat-Orecchioni, 1996 : 87 ; 2005 : 287).

La communication interculturelle peut être sujette à des malentendus qui amènent les protagonistes à des jugements négatifs fondés sur leurs propres stéréotypes culturels. Un savoir interculturel est donc indispensable à la communication du savoir ordinaire dès lors que chaque société s'ouvre aux autres dans un monde qui se complexifie. L'école peut être un lieu où se noue ce savoir en même temps que se noue une culture commune liée à l'acceptation de normes qui permettent l'échange.

La conversation modélise en fait tout transfert de savoir : celui-ci, comme nous allons le voir, est toujours co-construction et négociation de sens. Elle peut également permettre à un savoir de connaissance de s'élaborer dans une situation pédagogique, savoir de connaissance qui peut contribuer à construire des savoir-faire ou des savoir-être, comme nous venons de le voir à propos des règles de la conversation.

La communication scientifique

La finalité est ici la démonstration d'un savoir de vérité tourné vers la connaissance pragmatique du monde. Cependant ces objets pragmatiques du monde ou « objets scientifiques » sont d'abord objets de discours, produits d'instances de délimitation qu'ils justifient en retour et qui organisent le regard (linguistique, communication, physique, chimie, biologie, etc.), savoirs eux-mêmes organisés en domaines, courants ou écoles interdépendants. Le savoir scientifique participe ainsi des interdiscours qui le constituent. Il n'est pas savoir fixe, indépendant de ses conditions de production (interdiscours transdisciplinaires et disciplinaires, contexte social, économique, histoire des sciences et des idées, etc.). Le savoir scientifique est donc toujours lui-même en co-construction. En cela il peut être envisagé comme objet sémiologique, système de valeurs dans le sens où l'entend Saussure, renvoyant non à une réalité préconstituée, mais à une réalité à la fois construite et adéquate : le monde existe, mais les signes sont nécessaires pour le symboliser, pour le savoir. Ainsi en est-il du mot qui permet de distinguer la chose - d'en avoir telle vision particulière. De la même façon, les théories sont toujours des modèles, et ce sont ces modèles qui organisent la réalité, ces modèles étant eux-mêmes liés les uns aux autres par l'interdiscours qui les constitue : un texte théorique fonctionne comme 'signe', renvoie toujours à d'autres textes dans une 'constellation' d'identités et de différences.

Le savoir est à ce titre toujours transfert. Toute discipline est réseau de transferts et d'ajustements heuristiques, de dépassements, et de régulations entre le champ du savoir mais aussi le champ social. Le transfert est transmission et, en ce qui concerne les différents champs disciplinaires, cette transmission est horizontale, et renvoie à une communication entre champs, à l'interdisciplinarité ou même à la transdisciplinarité quand l'interdisciplinarité mène à repenser les champs. Elle est également verticale, entre deux entités distinctes : le champ du savoir et le champ social. Le transfert signe alors la fonction de médiation du chercheur. Par le transfert s'instaure la dynamique du savoir ; c'est en cela qu'il n'est pas pure transmission, qu'il excède la logique linéaire et mécaniste que peut présupposer cette métaphore quand elle sous-entend la permanence de l'objet.

La dimension verticale du transfert ne saurait être dissociée de sa dimension horizontale et heuristique, au risque de perdre la dynamique d'un champ disciplinaire. Le savoir s'élabore et se transfère dans toutes ses dimensions.

La structuration de la communication scientifique est de type argumentatif et démonstratif. Le discours scientifique est composé d'enchaînements logico-déductifs et se réfère explicitement à son intertextualité, soit par étayage soit par opposition. Ces références sont classiquement des références de pair à pair qui renvoient à une même communauté discursive (la communauté scientifique). L'appartenance à cette communauté est également marquée par l'emploi d'un vocabulaire de spécialité. Le contexte proche est alors formé par cette communication de pair à pair qui peut être soit orale (conférence) soit écrite (article, ouvrage).

Le plus souvent le discours scientifique est un discours théorique monologal. Il peut cependant parfois être de forme dialogale. La forme dialogale rejoint la conversation, dont elle est un type particulier avec successivité et longueur des prises de paroles faites par des locuteurs multiples à destination de tiers qui ne participent pas toujours directement à l'échange (table ronde, questions-réponses). Qu'il soit monologal ou dialogal, le discours scientifique spécialisé est surtout tourné vers son référent ; son objet n'est pas un objet donné, mais un objet constitué.

La communication scientifique ne peut, en outre, se passer d'un contexte interculturel. La question est alors celle d'une langue commune ou de langues communes. L'interdiscursivité propre au discours scientifique est en effet limitée par le barrage des langues. Les champs scientifiques sont également interprétés différemment selon les aires culturelles - particulièrement dans les sciences dites « humaines », parce que les interactions entre champs et contenus de savoirs sont différentes selon les cultures. Ainsi en est-il des *cultural studies* qui n'ont pas exactement de correspondant dans le contexte français. Mais nous sommes ici dans l'histoire des idées, histoire qui a à voir avec celle de leur cheminement d'un espace à un autre et donc aussi avec la didactique des disciplines, comme nous le verrons plus loin, puisqu'elle-même travaille sur ce 'cheminement' tout en en étant au cœur, en tant que savoir (ou discours) de connaissance.

La communication de vulgarisation

Sa finalité est d'expliquer ou d'expliciter. C'est une mise en discours spécifique qui vise à transmettre un savoir à des non-spécialistes. Comme la communication scientifique spécialisée, le discours de vulgarisation peut avoir une structure argumentative, mais il se distingue par des marques propres (simplification, illustration, métalangage définitoire, etc.). La communication de vulgarisation se présente le plus souvent comme un discours mixte, composé de modes discursifs différents en situation de complémentarité : argumentation, description, voire narration, mises au service de la visée explicative du message et de la nécessité de retenir l'attention du destinataire. La communication de vulgarisation peut être directe (co-présence de l'émetteur et du récepteur) ou médiatique (destinataire absent). Le discours de vulgarisation médiatique inscrit la science dans l'événement, auquel il renvoie et dont il est un prolongement (Charaudeau, 2008 : 18). Il apparaît alors souvent comme un commentaire sur l'événement, permettant de l'analyser, de se faire une opinion, voire de changer des comportements. Le public auquel il s'adresse est déterminé par le support et la politique éditoriale qui lui est afférente. Des stratégies de captation diverses peuvent être mises en œuvre, en fonction de ces publics et de leur rapport au savoir (stratégies informatives centrées sur le contenu ou stratégies mettant en avant la fonction phatique). Le discours de vulgarisation médiatique s'inscrit dans un interdiscours prégnant de type journalistique - en cela il n'a aucun effet sur la constitution des savoirs de connaissance, ou un effet indirect, le discours médiatique pouvant avoir des effets institutionnels sur les instances de décision et de financement. Le discours de vulgarisation médiatique forge les opinions et crée du lien social. Il peut cependant également être à visée pédagogique. Son interdiscours est alors également le discours didactique (émissions de télévision scolaire, par exemple).

La communication pédagogique

La communication pédagogique est relation entre un professeur, des apprenants et son objet est la communication d'un savoir ou de compétences[9]. Ce 'savoir' n'est lui-même pas extérieur à l'acte de communication puisqu'il résulte de stratégies d'apprentissage dans lesquelles l'interaction est prépondérante, ce qui distingue la communication pédagogique du discours de vulgarisation ordinaire. Elle procède en effet nécessairement par essais et contrôles pragmatiques des réalisations afin d'assurer un apprentissage effectif. De ce point de vue, elle est également co-construction, « négociation de sens » (Halté, 2005 : 65). Nous allons voir que cela implique de penser le processus d'enseignement comme processus didactique : les savoirs ne sont pas donnés, mais à constituer - et à constituer en tant que savoirs d'enseignement/ apprentissage.

---

[9] A l'école, la communication de savoir passe aussi par la communication de compétences, qui peuvent être tant des compétences imaginatives que des compétences pragmatiques (comme de savoir avec combien de litres d'eau il faudra remplir une baignoire avant qu'elle déborde, ce qui modélise la théorie implicite des décisions que le petit enfant aura à prendre ensuite dans sa vie d'adulte).

Le transfert du savoir comme savoir relationnel

Cette caractéristique découle de la socialité et de l'historicité du savoir que nous avons notées plus haut. Le savoir, qui est un élément d'une culture, n'est jamais figé. Il est une mise en forme conceptuelle, toujours en construction, constituée, comme nous l'avons vu, de et par l'interaction d'autres formes conceptuelles (champs de savoirs, savoirs, concepts, constitués en textes). Le savoir renvoie donc toujours à un intertexte qui le constitue. On peut dire qu'il est d'emblée transférentiel et que cette propriété lui est consubstantielle. Un savoir figé est nécessairement un non-savoir. Le savoir est l'anti-dogme par excellence. Cette caractéristique a bien été mise en valeur par Barth qui le met au cœur de sa réflexion sur les stratégies d'apprentissage à mettre en œuvre pour favoriser le transfert des savoirs à l'école. Dans son ouvrage *Le savoir en construction,* l'auteur propose de penser l'apprentissage à partir d'un méta-modèle sémiologique du savoir qui pose que :

- Les concepts sont relationnels : « nous devrions situer notre discours de telle façon que l'interlocuteur puisse comprendre comment les éléments sont en relation entre eux. Si l'apprenant ne dispose pas d'outils conceptuels pour classer les faits nouveaux qu'on lui communique, il ne peut pas comprendre leur signification » (Barth, 2002 : 50).
- Le concept n'est pas le référent. Il est le résultat d'un processus d'élaboration qui permet de penser le référent « notre conception de la réalité est liée à notre capacité à la décrire » (Barth : 53).
- Le savoir est évolutif et culturel : « le savoir est le sens que nous donnons à la réalité observée et ressentie à un moment donné. Notre savoir évolue avec le temps et l'expérience, modelé par l'interaction avec les autres

'membres de notre culture' : c'est avec eux que nous ajustons petit à petit notre compréhension » (Barth : 53).

De la part du professeur, cela nécessite une réflexion sur les savoirs à enseigner, sur les référentiels utilisés et la manière de les utiliser.

La communication pédagogique comme réélaboration didactique

La communication pédagogique passe par une mise en discours spécifique du savoir. Le savoir enseigné par le professeur n'est pas le savoir communiqué par le spécialiste. Son objectif n'est pas seulement d'informer, il est d'apprendre. La transmission pédagogique est donc le résultat d'une élaboration didactique particulière qui passe par des outils spécifiques : le manuel, le cours, voire le dictionnaire. Ces outils sont eux-mêmes producteurs de sens :

- Par les caractéristiques liées au médium (concision, linéarité du savoir).
- Par leur inscription dans d'autres discours (discours institutionnels, discours didactiques, normes de ce qui doit être enseigné, conceptions sur la manière de l'enseigner).
- Par leur mode volontiers affirmatif (la communication pédagogique érige le savoir en vérité, voire en norme[10]).
- Par la représentation du savoir qu'ils médiatisent.

Ainsi un manuel de langue française témoigne-t-il de la représentation qu'ont ses concepteurs de ce que doit être la

[10] En cela elle nous semble rejoindre le discours de vulgarisation.

langue française enseignée à tel apprenant (adulte, jeune, enfant), de même qu'il témoigne de leurs conceptions en matière d'enseignement de la langue et de l'image qu'ils veulent donner de la société que met en scène le manuel.

Pour qualifier cette réélaboration didactique du savoir différents termes ont été proposés : en plus de celui de transfert que nous avons ici adopté, on trouve ceux de transposition, recomposition, réorganisation, traitement ou reconditionnement (Chiss, 1989 : 46), ces termes marquant la différence entre savoir savant (ou parfois savoir de vulgarisation) et savoir enseigné. Le terme de transposition est sans doute celui qui revient le plus souvent. Introduit par le sociologue Verret en 1972, il sera repris en didactique des mathématiques dans le titre d'un ouvrage de Chevallard paru en 1985. Le concept sera ensuite employé en physique, biologie, informatique, éducation physique, français, enseignement des langues ou même enseignements professionnels (pour ce dernier cas, voir Vollichard-Cristin, 2000). Dans un article paru en 2005, Schneuwly fait le point sur ce concept et s'interroge sur sa pertinence. Il note que s'il y a transposition, cette transposition :

- Peut échapper aux acteurs : « le processus de transposition est inconscient, non contrôlable, multidéterminé » (Schneuwly : 49), les acteurs eux-mêmes étant multiples : chercheurs, enseignants.
- Est multiple et multidirectionnelle. Il n'y a pas une transposition, mais des transpositions, et celles-ci ne sont pas unidirectionnelles. Il y a « enchevêtrements de mouvements transpositionnels ascendants et descendants, de divers systèmes de savoirs qui forment finalement le savoir enseigné » (Schneuwly : 56).
- N'est pas simple passage d'un savoir savant vers un savoir d'enseignement / apprentissage. Ainsi la

> discipline ‘français’ recouvre-t-elle un champ flou, hétérogène qui ne renvoie pas à une configuration scientifique précise (Schneuwly : 53).

Le concept de « savoir savant » est lui-même flou. Ainsi, Reuter note-t-il : « la catégorie de 'savoirs savants' [...] en matière d'objet et de pratiques culturelles, peut recouvrir des pratiques aussi différentes que savoirs propres aux lettrés, propres aux experts, universitairement construits, 'scientifiquement' construits » (2005 : 220). Quant à la modélisation didactique, elle n'est pas une non plus et passe par une série de processus. Ainsi, pour le 'français' : catégorisation des compétences, catégorisation des objets langagiers, et congruence entre modèle des compétences et modèles d'objets langagiers (Id. : 225). Le terme a cependant l'avantage d'indiquer certaines des propriétés de cette modélisation : passage d'un lieu à un autre, d'un domaine à un autre, d'un code à un autre, c'est-à-dire décontextualisation et recontextualisation et changement de type discursif. En changeant de type discursif, la transposition didactique fait en outre intervenir des processus qui modélisent les processus cognitifs, rendant possible les apprentissages et le développement psychique (Schneuwly : 57).

L'acquisition du savoir comme relation d'interprétation et de transfert

Cette interprétation a lieu tant dans la transmission que dans l'acquisition du savoir. Dans la transmission, elle est, comme nous l'avons vu, l'interprétation sociale de la réalité, l'interprétation normative liée au processus pédagogique et l'interprétation liée à la pratique et aux préférences pédagogiques de l'enseignant (selon sa formation et la marge de liberté qui lui est laissée par les normes sociales). Dans l'acquisition, elle est processus d'interprétation liée aux contextes psychosociaux de l'apprenant (développement et compétences liés à l'âge, au contexte culturel, social, etc.), à son vécu et à son univers discursif (compétences langagières acquises grâce aux contacts avec l'autre et savoirs en résultant qui guideront eux-mêmes l'interprétation). L'interprétation est également orientée par le médium destiné à transférer le savoir en savoir pédagogique.

La communication du savoir à l'école n'est en outre jamais unidirectionnelle : le discours est construit pour l'autre et par l'autre. Le sens est également élaboré par l'apprenant dans un processus d'interprétation. Il y a réélaboration discursive : pour qu'un savoir soit transmis, il faut que l'apprenant se l'approprie. La transmission scolaire est donc toujours transfert avec enchevêtrements transpositionnels – et ici nous rejoignons aussi le sens psychologique, voire psychanalytique du transfert : c'est la présence de l'autre qui pousse le discours à se réélaborer en se disant. Le professeur, en tant que personne, entre dans le processus de médiatisation. La relation est elle-même transfert, voire contre-transfert. Elle est à la fois affective et projective. Il a été reconnu que les résultats de l'élève sont liés à ce que le professeur attend de lui et donc à la manière dont chacun perçoit l'autre et est perçu par lui. La présence d'attentes, d'affects, de présupposés sur l'autre induisent la forme et la qualité de l'émission/réception. Le transfert marque alors dans le discours l'osmose entre le cognitif et l'affectif, entre le logos, l'éthos et le pathos.

Transferts de savoirs et didactique

Le processus de transmission de savoirs en milieu scolaire est ainsi un processus complexe, avec une pratique liée elle-même à d'autres savoirs, dont des savoirs spécifiques de type didactique, la didactique étant une réflexion sur le savoir à constituer en tant qu'objet disciplinaire à enseigner à l'école.

Le discours didactique est une élaboration ou une réélaboration d'un objet qui s'insère dans une histoire (celle de la tradition scolaire, des savoirs qui y sont enseignés et de la manière de les enseigner) et dans une société avec ses institutions, ses hétérogénéités sociales et culturelles. D'emblée, la didactique constitue donc son objet en interrelation avec des entrelacs d'autres discours au sein d'un espace social déterminé, discours sociaux généraux, mais aussi discours savants. De ce dernier point de vue, la didactique est à la croisée de plusieurs champs disciplinaires : histoire des idées, sciences de l'éducation, psychologie, psychosociologie, linguistique, communication… A la fois, indissociablement, générale et appliquée (la didactique se pense avant tout comme didactique d'une discipline), elle tente de répondre aux questions suivantes : quel savoir enseigner ? Qu'est-ce qui fonde ce savoir à enseigner ? Ses formes discursives sont celles du discours scientifique. Elle a ses sociétés savantes, ses revues spécialisées, ses chaires universitaires.

Modalités, types et genres

Nous avons donc distingué quatre modalités de transfert de savoir, la conversation, la communication scientifique, la communication de vulgarisation et la communication pédagogique. Nous remarquerons cependant que la conversation n'a pas de finalité prévalente. Elle peut entrecroiser les autres modes discursifs énumérés ou avoir d'autres finalités : jouer, influencer, manipuler, ou même être pure relation. La conversation peut en fait avoir toutes les finalités pouvant être assignées au langage humain, sans doute aussi parce que c'est dans l'interaction même que celui-ci se constitue.

En ce sens, on pourrait dire que la conversation modélise non la finalité du langage, mais son être même comme action et rétroaction, comme co-construction. C'est à ce titre que nous l'avons envisagée au début de ce travail. La didactique a quant à elle un statut particulier : elle est discours scientifique, mais son objet est la construction d'un autre discours, le discours d'enseignement/ apprentissage.

Il nous paraît maintenant important, pour mieux comprendre ces modalités et leurs relations, de les associer plus spécifiquement aux actions qu'elles mettent en œuvre. Nous suivrons ici les propositions de Bronckart (1985 ; 1996) qui a montré que les genres de discours, essentiellement hétérogènes, pouvaient se regrouper en types, en fonction des actions qui les sous-tendent. Dans deux ouvrages consacrés à l'analyse du discours, il distingue deux types d'activités langagières : EXPOSER et RACONTER, activités elles-mêmes distribuées entre implication et autonomie avec les paramètres de l'action langagière (agent producteur, interlocuteur(s), situation de communication). Ces différents paramètres l'amènent à distinguer quatre mondes discursifs : (1) Monde de l'EXPOSER impliqué, (2) Monde de l'EXPOSER autonome, (3) Monde du RACONTER impliqué, (4) Monde du RACONTER autonome (Voir Bronckart, 1996 : 157). Ces différentes opérations se retrouvent quelles que soient les langues, mais y sont traduites différemment selon les ressources morpho-syntaxiques propres à chacune d'elles. A partir de cela, l'auteur établit un tableau rendant compte de l'entrecroisement de ces archétypes psychologiques et des types discursifs, dotés de propriétés linguistiques particulières :

		Coordonnées générales des mondes	
		Conjonction	Disjonction
		EXPOSER	RACONTER
Rapport à l'acte de production	Implication	Discours interactif	Récit interactif
	Autonomie	Discours théorique	Narration

(Bronckart, 1996 : 159)

Les types de discours que nous avons déterminés à partir de leur finalité relèvent de l'ordre de l'EXPOSER. Ils nous semblent relever également de deux sous-types d'actes distincts : INFORMER et EXPLIQUER. Dans ce que nous avons appelé la communication scientifique, l'interactivité est certes présente, mais rarement marquée linguistiquement. La fonction référentielle prédomine. La communication de vulgarisation relève par contre de l'EXPLIQUER, liée aux statuts différents de l'émetteur et de l'allocutaire. La communication didactique[11] et la communication de vulgarisation se distribuent elles-mêmes selon ces deux modalités d'actions.

[11] Nous entendons ici la communication didactique en tant que discours de spécialité. Nous verrons son statut particulier.

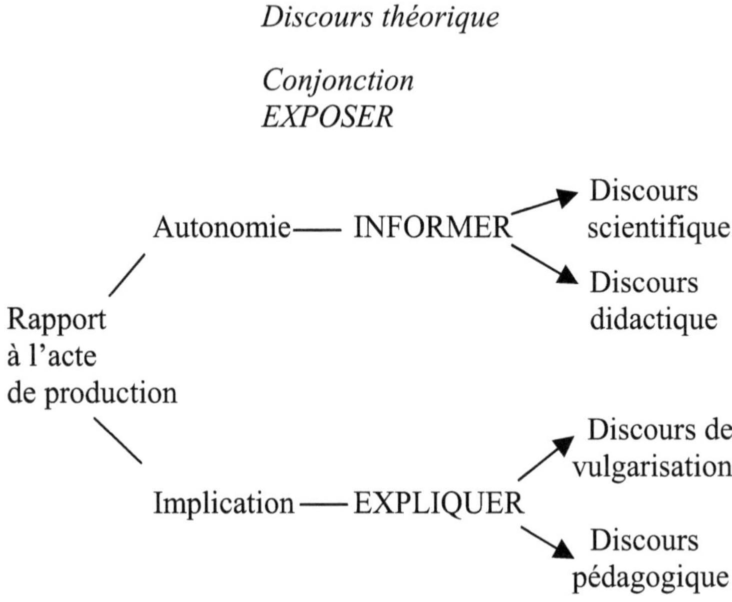

INFORMER ET EXPLIQUER induisent des mises en discours spécifiques, liées notamment au rapport différent que ces actes ont avec l'acte de production (autonomie ou implication).

La notion de modalité que nous avons introduite peut rejoindre celle de genre de textes proposée par Bronckart : nous sommes à un même niveau de description. Mais alors que la notion de genre est générale, la notion de modalité s'appuie sur le paramètre de la finalité : ici transmettre/transférer, dans la mesure où ce dernier paramètre peut permettre de sémiotiser des genres et d'aboutir à un mode d'interaction particulier, l'EXPOSER, sous tendu par deux formes particulières l'INFORMER ET L'EXPLIQUER.

Cela peut nous permettre de marquer les relations entre les différentes formes de discours : le discours didactique comme le discours scientifique relèvent de l'INFORMER, le discours pédagogique, comme le discours de vulgarisation relèvent de l'EXPLIQUER.

Il reste maintenant à déterminer plus précisément le rapport entre discours scientifique et discours didactique, discours de vulgarisation et discours pédagogique. Nous schématiserons ce rapport ainsi :

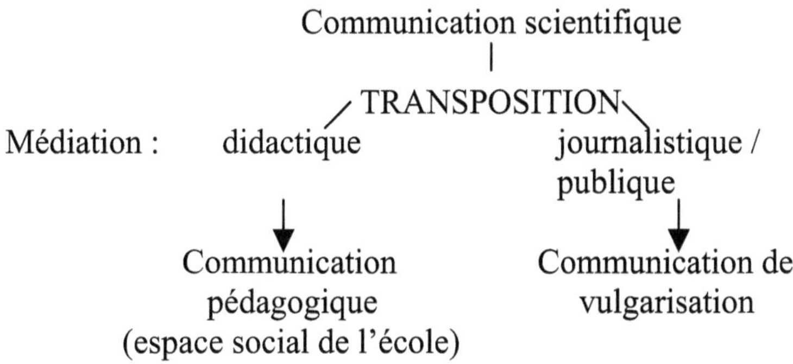

Le discours de recherche didactique entre dans l'interdiscours des discours de spécialité et en a également les caractéristiques formelles, mais c'est un discours particulier de par son objet : la constitution des savoirs en savoirs apprenables. De ce fait même, la didactique a pour objet les savoirs en tant que savoirs entrant dans une interaction d'enseignement/apprentissage. A ce titre toute didactique est praxéologique (Halté : 75) : elle INFORME, cela étant à comprendre comme DONNE FORME, mais pour EXPLIQUER/APPRENDRE dans une relation spécifique, avec des modalités spécifiques. La didactique ne se conçoit pas sans l'école, conçue comme espace social d'interactions, avec ses discours spécifiques, ses savoirs spécifiques, qui ne relèvent ni de la communication scientifique, ni de la vulgarisation.

Relier le langage à l'action et penser le discours en tant qu'activité c'est aussi ipso facto se situer à l'intérieur d'un modèle de la compétence qui n'oppose plus celle-ci avec la performance mais relie l'une à l'autre. C'est placer le discours et le social au centre du processus d'apprentissage. L'activité discursive met ainsi en jeu des compétences correspondant à des formes d'actions et à des activités cognitives que la scolarisation peut également permettre de développer à travers une modélisation des pratiques discursives destinée aux apprentissages qui s'appuierait sur l'analyse du fonctionnement des discours (Bronckart, 1996). Cette analyse peut en outre permettre de mieux comprendre ce qui est en jeu dans les interactions et par là même de mieux organiser les apprentissages. Si nous considérons que ces actes sont également des signes au sens où l'entend Saussure, la réflexion sémiologique peut permettre de mieux comprendre l'espace didactique de l'interlocution et les actes langagiers d'interaction que met en jeu le discours, conçu lui-même comme espace d'interdiscours.

Bibliographie

Barth, B.-M. 2002 (1ère éd. 1993). *Le savoir en construction.* Paris : Retz.

Bowles, P. 1989. *Mémoires d'un nomade.* (Trad. M. Gibot). Paris : Quai Voltaire.

Bronckart, J.-P. et al. 1985. *Le fonctionnement des discours. Un modèle psychologique et une méthode d'analyse.* Lausanne-Paris : Delachaux et Niestlé.

Bronckart, J.-P. 1996. *Activité langagière, textes et discours. Pour un interactionnisme socio-discursif.* Lausanne-Paris : Delachaux et Niestlé.

Charaudeau, P. (eds) 2008. *La médiatisation de la science.* Bruxelles : De Boeck.

Chevallard, Y. 1985. *La transposition didactique : du savoir savant au savoir enseigné.* Grenoble : éd. La Pensée sauvage.

Chiss, J.-L. 1989. « Revendication d'autonomie et horizon de scientificité en didactique du français ». *Langue française.* 82. pp. 44-52.

Goffman, E. 1973. *La mise en scène de la vie quotidienne.* (Trad. A. Accardo). Paris : éd. de Minuit.

Goffman, E. 1987. *Façons de parler.* (Trad. A. Kihm). Paris : éd de Minuit.

Halté, J.-F. 2005. « Interaction : une problématique à la frontière ». In Chiss, J.-L., David, J., & Reuter, Y. (eds). *Didactique du français, Fondements d'une discipline.* Bruxelles : De Boeck. pp. 61-75.

Hall, E. T. 1971. *La Dimension cachée.* (Trad. A. Petita). Paris : Seuil.

Hall, E. T. 1973. *Le langage silencieux.* (Trad. J. Mesrie & B. Niceall). Paris : Seuil.

Kerbrat-Orecchioni, C. 1996. *La conversation.* Paris : Seuil.

Kerbrat-Orecchioni, C. 2005. *Le discours en interaction.* Paris : Armand Colin.

Platon. 1998. *Cratyle.* (Trad. C. Dalimier). Paris : GF Flammarion.

Reuter, Y. 2005. « Didactique du français : éléments de réflexion et de proposition ». In Chiss, J.-L., David, J. & Reuter, Y., (eds). Op. cit. pp. 211-234.

Saussure, F. de. 1973. (1ère éd. 1916). *Cours de linguistique générale.* Paris : Payot.

Saussure, F. de. 2002. *Ecrits de linguistique générale.* Paris : NRF Gallimard.

Schneuwly, B. 2005. « De l'utilité de la transposition didactique ». In Chiss, J.-L., David, J. & Reuter, Y. Op. cit. pp. 47-59.

Turpin, B. 1995-1996. « Discours, langue et parole dans les cours et les notes de linguistique générale de F. de Saussure ». In *Cahiers Ferdinand de Saussure*. 49. Genève : Droz.

Turpin, B. 2003. « Légendes-Mythes-Histoire. La circulation des signes ». In *Cahiers de l'Herne Saussure*. Paris : éd. de l'Herne.

Verret, M. 1972. *Le temps des études*. Paris : Champion.

Vollichard-Cristin, I. 2000. *Des compétences prescrites aux compétences en actes dans le domaine de la transposition didactique professionnelle : le cas des Aides-soignantes certifiées dans les cantons de Fribourg et de Vaud, en Suisse romande*. (M. Develay dir.). Lyon-Lausanne. s.n.

ETUDE DES STRATEGIES LANGAGIERES ET DU CONTEXTE CULTUREL DANS UNE SITUATION INTERACTIONNELLE IDENTIQUE A JAKARTA ET A PARIS

Isabelle Boyer[12]

Université de Cergy-Pontoise
EA 1392 CRTF, pôle LaSCod
F-95000 Cergy-Pontoise

L'acquisition puis la maîtrise d'une langue, au travers de la lecture, de l'écriture et de l'oralité (Nubrown, 1997) est un processus long et complexe qui s'appuie en dehors des situations académiques, sur les nombreuses opportunités offertes à l'enfant dans sa vie quotidienne, que ce soit au travers du jeu ou de la participation aux tâches domestiques. Cette liste d'activités ne se veut en aucun cas exhaustive, mais elle souligne le grand nombre de possibilités de verbalisation offertes à l'enfant au travers de multiples interactions, chaque interaction étant l'occasion de nouveaux apprentissages. Mucchielli dans l'introduction d'un ouvrage traitant de « l'interaction et des processus de l'émergence » souligne l'importance extrême de l'interaction qu'il dit être « le fondement des études portant sur les échanges humains mais également des échanges hommes – dispositifs » (2007 : 5). En effet,

[12] Isabelle.boyer@u-cergy.fr

c'est au sein même de l'interaction, quel que soit le contexte socioculturel considéré, que se transmet un grand nombre de compétences.

Cette recherche se propose donc d'étudier les stratégies verbales ou langagières présentes lors d'une situation d'interaction entre un enfant et un adulte (la mère), qui dans un premier temps peut être considérée comme un cas typique de communication asymétrique, dû principalement à une asymétrie de compétences. Le but à atteindre pour les protagonistes est la réalisation d'une tâche et plus particulièrement d'un puzzle et cela dans deux contextes culturels : Jakarta et Paris. Il s'agit ici de transmettre au jeune enfant l'aide la plus pertinente possible pour parvenir à réussir le puzzle, cette transmission s'opérant dans le cadre d'une interaction.

Modalités de transmission

Dans un premier temps il convient de préciser ce que nous entendons par modalités de transmission.

Vygotski (1985), en précurseur, a envisagé le développement de l'enfant à partir de l'existence de zones de développement. Il résumait son approche en ces termes : « Ce que l'enfant est capable de réaliser avec l'aide de l'adulte délimite sa zone proximale de développement » (Vygotsky, 1985 : 108). Cette zone est en fait définie à partir de la différence que l'on peut établir entre le niveau de compétences de l'enfant lorsqu'il est aidé par l'adulte et celui qu'il est capable d'atteindre seul. Cet auteur considérait qu'un enseignement n'était efficace que lorsqu'il était dirigé vers le stade développemental à acquérir, et non vers celui déjà acquis. On peut envisager que pour orienter l'enfant vers l'acquisition d'une compétence déterminée, l'adulte se devra de proposer à l'enfant des possibilités d'action spécifiques.

Cette perspective ouvrira la voix aux travaux de Bruner (1983), puis de Greenfield (1984) qui élabore la théorie de *l'échafaudage*, complétée ensuite par la théorie de la *participation guidée* échafaudée par Rogoff (1993). La théorie du « scaffolding » ou de l'échafaudage consiste en l'élaboration d'une relation conduisant progressivement le sujet qui apprend à ne plus être dépendant du maître. La théorie de la « guided participation » ou participation guidée, en plus des caractéristiques précédentes, se spécifie par l'utilisation de connections établissant un lien entre les acquisitions antérieures et les nouvelles. Ces deux notions sont complémentaires en procurant à la fois un soutien et en incitant le sujet à se référer à ses précédentes acquisitions et à les utiliser.

Lors d'une situation de transmission, il s'établit entre le sujet qui apprend et celui qui dispense l'enseignement, une relation centrée sur l'activité générée par la tâche à accomplir. Il est important de déterminer suivant quelles modalités cette activité s'élabore.

Divers facteurs vont caractériser les stratégies éducatives rencontrées, qui correspondent en partie au processus d'anticipation du locuteur. Ce calcul anticipatif est basé d'une part sur des éléments factuels tels que le comportement, l'âge de l'interlocuteur ou son statut social. Ainsi, dans une étude sur le découpage nous avons pu constater des différences entre les mères ou l'enseignant dans la manière dont elles concevaient leur rôle de transmetteur (Boyer, 2002). D'autre part, cette anticipation s'élabore à partir d'éléments projectifs, comme la manière dont on se représente le récepteur (son degré d'autonomie vis-à-vis des facteurs extérieurs de l'environnement, ou son niveau de compétence - ce dernier point peut également être assimilé à des éléments factuels - ; ses attentes, ses éventuelles réactions au message émis…etc.), mais également sur la propre représentation que le locuteur a de lui-même.

Greenfield (1984) a expliqué la structure de cette relation interindividuelle suivant un processus d'échafaudage qui fournirait à l'apprenant les éléments nécessaires à l'acquisition d'une compétence. La collaboration entre le « novice » et le « maître » est élaborée de façon à ce que la dépendance de la personne qui apprend, vis-à-vis de celui qui dispense cet enseignement, diminue progressivement. Cette notion d'échafaudage est définie par cinq composantes essentielles (Greenfield, 1984 : 118)[13] :

- ⇨ Procurer un support
- ⇨ Fonctionner comme un outil
- ⇨ Accroître le champ d'activité du sujet
- ⇨ Permettre au sujet d'accomplir une tâche impossible autrement
- ⇨ Procurer une aide suivant les besoins du sujet

On peut faire l'hypothèse que les mères qui participaient à cette étude, se représentaient la structuration de l'interaction avec leur enfant suivant ces principes.

Complémentaire de la théorie de l'échafaudage qu'elle reprend en partie, Rogoff (1993) a élaboré le concept de « guided participation » ou participation dirigée. Elle consiste en l'élaboration d'une sorte de pont qui établit un lien entre les acquisitions antérieures et les nouveaux apprentissages. Dans cette étude, se posera ultérieurement

---

[13] Notre traduction.

la question de savoir si ce style de stratégie est présent dans les interventions verbales des mères.

En outre, dans toute condition d'apprentissage, il existe un engagement conjoint des protagonistes. L'adulte procure de nombreuses informations à l'enfant qui recherche ces informations, ces signaux, lors de toutes nouvelles situations. Une des principales préoccupations de Rogoff est d'observer quelles sont les variations culturelles en ce qui concerne les buts éducatifs, dans le contexte des activités quotidiennes. Cet auteur note que l'une des différences culturelles majeures repose sur le degré d'adaptation de l'activité des adultes vis-à-vis des enfants et également sur la possibilité ou sur la responsabilité pour l’enfant d'adapter et de donner un sens au monde adulte. Par ailleurs, le mode de communication varie suivant l'environnement culturel. Par exemple, dans le cas des sociétés industrialisées, le modèle scolaire privilégie la communication verbale, délaissant quelque peu la non-verbale, surtout lorsqu'il s'agit de fournir des instructions à l'élève. Un autre point important est de définir le statut accordé à l'enfant par l'adulte, dans le cadre d'une situation d'apprentissage. Ce statut est intrinsèquement lié aux conceptions concernant ce qu'est un enfant dans un contexte donné, c'est-à-dire aux représentations sociales élaborées par un groupe culturel.

Ce concept de « guided participation » est en fait relativement complémentaire de la théorie de l'échafaudage. Tous deux sous-entendent que l'adulte procure un soutien pédagogique adapté à l'enfant lors de l'acquisition de nouvelles compétences, mais la participation dirigée insiste sur la nécessité de l'utilisation des acquisitions antérieures. Dans une étude sur le jeu, Lillard montre comment la manière de se comporter de la mère permet à l’enfant de se situer dans une situation de jeu ou dans la réalité, mais également comment il est fait référence à ses précédentes expériences (2007). Dans les faits, ce sont les modalités de ce soutien comportemental qui peuvent varier suivant les conditions contextuelles : observation puis accroissement de la participation, participation et observation simultanées, ou bien alternance des deux, mais aussi la structure de la relation verbale et non verbale.

Notion de contexte

Toute situation d'interaction se situe dans un contexte dont l'influence n'est pas négligeable. Dans la présente étude, le contexte sera assimilé à une niche de développement avec ses trois composantes : les représentations, le contexte physique et socio-économique et les pratiques (Super & Harkness, 1986). Ces trois éléments constituent un système dynamique car ils interagissent et évoluent en fonction du niveau de développement ou de maîtrise du sujet.

Tout au long de son développement, cette niche de développement offre à l'enfant des opportunités d'action. En effet, il y a quelques années, pour décrire le contexte développemental de l'enfant, Valsiner (1985) a introduit les notions de « zone of freedom of movement » (désormais ZFM), zone de liberté d'action, et de « zone of promoted action » (désormais ZPA) ou zone d'actions favorisées. La zone de liberté d'action comprend un ensemble d'objets dont l'accès n'est pas limité. A l'intérieur des frontières de cette zone (par exemple : un parc), l'enfant est libre de construire ses patterns[14] d'action. La zone d'actions favorisées constitue une sous partie de la

---

[14] Nous entendons par construction de patterns d'action, l'élaboration de modèles d'action que l'enfant pourra expérimenter.

première et joue un rôle de canalisation sélective des actions de l'enfant. Ses limites peuvent évoluer ou se transformer, par exemple, lors de négociation entre l'adulte et l'enfant. Elle est définie pour des actions sélectionnées en fonction des buts des adultes pour la socialisation de l'enfant. Dans cette zone, l'enfant est moins libre pour élaborer de nouveaux patterns d'action. Sa liberté n'est pas pour autant éliminée, mais des efforts sont faits pour la limiter en mettant à sa disposition une sélection d'objets qui ne va promouvoir que certaines actions et donc favoriser l'acquisition de certaines compétences.

Reed (1993) a repris ce concept de zone d'actions favorisées, en considérant que cet ensemble de possibilités d'action constitue « a field of promoted action » ou champ des actions favorisées. Le champ des actions favorisées introduit également une notion non seulement d'organisation, mais aussi de contrainte générée par le comportement des adultes, lors du processus d'apprentissage. En effet, ces derniers orientent le développement de l'enfant en attirant son attention et en lui proposant de manière préférentielle des situations et des informations favorisant l'acquisition des compétences valorisées. Il nous semble que l'organisation du milieu scolaire est, notamment, à considérer comme un champ d'actions favorisées. On peut faire l'hypothèse que l'organisation de l'environnement qui crée pour l'enfant un champ d'actions favorisées, est en grande partie tributaire des représentations des adultes qui permettront à l'enfant, à partir de divers apprentissages quotidiens d'intégrer les normes de leur groupe culturel, en un mot de se socialiser, puisque ainsi les adultes lui transmettent leurs valeurs culturelles, leurs croyances, leurs compétences et leurs motivations à intégrer ces mêmes compétences (Berry, Poortinga, Segall & Dasen, 1992 : 17).

Les situations d'apprentissage constituent un processus dynamique qui évolue non seulement selon les caractéristiques du milieu, mais aussi selon celles du sujet qui apprend, comme par exemple son niveau de compétence. Ces situations permettent le déroulement de nombreux actes de communication.

Contexte et acte de communication

Nous définirons un acte de communication comme correspondant à toute production humaine qui peut être lue dans une situation. Communiquer implique l'attribution d'un sens spécifique à cette action puisque cette signification n'est pertinente qu'en fonction des caractéristiques d'un contexte bien particulier. En effet, dans une situation donnée, chacun des interlocuteurs fait un travail interprétatif intimement lié à la spécificité du contexte (Mucchieli, 2005). L'importance du sens avait déjà été mentionnée par Vygotski (1997 : 57) qui écrivait « Il est apparu, que tout comme la communication est impossible sans les signes, elle est impossible sans la signification ». Durant l'énonciation du message, le locuteur donne des indices de sa propre interprétation, - tels que : l'intonation, l'accentuation, la prosodie…- à l'interlocuteur qui l' (ou qui les ?) associe avec la situation pour en retirer une signification. Ce schéma interprétatif est marqué culturellement. Ce sens va provenir de l'interaction de divers contextes, temporel, physique, ou correspondant aux positionnements respectifs des protagonistes. Par exemple, précédemment, il a été évoqué le caractère asymétrique de l'interaction, dû à la différence d'une part de statut, entre les interlocuteurs, mais également d'autre part, de leur niveau d'expertise.

Il faut également considérer le contexte relationnel, c'est-à-dire la qualité de la relation ; le contexte culturel qui renvoie aux normes socialement partagées ; et le contexte expressif identitaire[15] des interlocuteurs - les dires ont une signification, compte tenu des intentions et des enjeux des acteurs en présence -.

Lors d'un acte de communication, le partage de contextes de référence est une condition sine qua non à l'interprétation et à la compréhension entre les divers protagonistes. En effet, toute interaction sociale implique un certain nombre de données partagées qui consistent en des connaissances linguistiques et sociales. L'école de Palo Alto a développé la notion que le sens attribué à la communication est intrinsèquement lié au contexte dans lequel elle se déroule. Ainsi Watzlawick écrivait : « ...un phénomène demeure incompréhensible tant que le champ d'observation n'est pas suffisamment large pour qu'y soit inclus le contexte dans lequel ledit phénomène se produit » (1972 : 15). Un aspect de cette réalité contextuelle est déterminé par une interprétation de l'individu construite par et au travers des échanges.

Ainsi, tout groupe social construit des représentations sociales auxquelles on se réfère et que l'on fait évoluer. Ce savoir de sens commun, tel qu'il est défini par Jodelet (1989), correspond à une sélection d'informations provenant de diverses sources. Dans leur fonction d'appréhension de la vie sociale, les représentations sociales constitueraient, en quelque sorte, une grille de lecture et donc d'interprétation des diverses situations sociales et permettraient, ainsi, une anticipation des actions et des conduites du sujet lui-même et de ses interlocuteurs.

---

[15] Tout individu a une identité contextuelle liée au statut occupé dans une situation précise

Cette étude se propose de comparer et d'analyser les échanges verbaux d'une mère et de son enfant[16], dans le cadre de la réalisation conjointe d'une tâche, ici la réalisation d'un puzzle, dans deux contextes culturels différents.

On formulera l'hypothèse que, suivant les contextes, le type de vocabulaire utilisé par l'adulte maternant, va varier en fonction des représentations qu'il a de l'enfant.

On s'interrogera, d'abord, sur le fait de savoir si les éléments utilisés pour fournir de l'aide, (encouragements, indications techniques - formes ou couleurs par exemple), sont culturellement marqués ou non, autrement dit, si le paramètre culturel constitue un élément différentiel pertinent ou pas. Ensuite, on se demandera, si, d'un point de vue communicationnel, ces choix renvoient, pour partie au moins, à un calcul anticipatif différent[17].

Une situation d'interaction : comparaison de deux contextes culturels

Modalités de recueil des données

Les sujets

Il s'agit de dyades mères/enfants dans deux contextes urbains : Jakarta et Paris. Tous les sujets sont issus de la classe moyenne supérieure. Cette classe sociale a été choisie, car elle présente de nombreuses similarités dans les deux contextes, qui permettent la comparaison des

---

[16] Les enfants ont le même âge.

[17] Sachant qu'il existe d'autres paramètres, qu'il n'est pas possible d'étudier exhaustivement dans le cadre restreint de cet article.

résultats. Les enfants participant à cette étude ont un âge moyen de 4 ans et 2 mois.

Tous les enfants sont scolarisés dans des écoles maternelles publiques et ont déjà réalisé des puzzles, ce type de matériel ne leur est donc pas inconnu. Le recueil de données a eu lieu lors du dernier trimestre de l'année scolaire (mai) pour les enfants indonésiens et au début du premier pour les petits français, afin que dans les deux cas les sujets aient à peu près une année de scolarité derrière eux.[18]

Le lieu

La réalisation de la tâche a eu lieu au domicile de l'enfant ou à l'école, deux environnements qui leur étaient familiers. Le choix a été motivé soit par la distance existant entre l'école et la maison, soit par l'organisation de la journée de l'enfant. En effet, les petits Indonésiens ne vont à l'école que le matin et les mères trouvaient plus judicieux de participer à cette étude l'après-midi après la sieste. Pour les jeunes enfants, l'importance de la familiarité avec les lieux constitue un facteur à ne pas négliger car il peut être générateur de changements comportementaux. Son importance a notamment été discutée par Baudonnière (1988).

---

[18] En Indonésie, l'école maternelle n'est pas obligatoire et ne concerne que les enfants à partir de 4 ans environ. Il n'existe que deux sections de maternelle.

Le matériel

Il s'agit d'un puzzle composé de 9 cases, chacune formant un puzzle dont les pièces ont des formes géométriques différentes et constituent un camaïeu de couleur. Le choix de ce matériel se justifie par le désir de proposer à la dyade mère/enfant, un puzzle dont l'aspect graphique soit le moins possible marqué culturellement afin de pouvoir utiliser un matériel identique dans les divers contextes culturels.

Six des petits puzzles sont déjà réalisés et donc donnent, par là même, des informations sur la manière d'effectuer cette tâche. Les mères pouvant également utiliser un modèle, elles sont laissées entièrement libres dans leurs modalités d'intervention.

Ce choix de leur laisser un modèle a été motivé par le désir de mieux affirmer leur position de détentrice du savoir et ainsi de renforcer cette perception de la part de l'enfant.

Protocole de passation

Les sujets étaient laissés libres de s'installer comme ils le désiraient et en avaient l'habitude : sur le sol, sur une chaise, en face à face ou côte à côte.

Les directives pour la réalisation du puzzle étaient les suivantes :

Certaines cases de ce puzzle sont déjà remplies, (prénom de l'enfant), tu as les autres à remplir avec l'aide de ta maman. Toutes les pièces sont là pour remplir 3 cases, Madame, vous êtes libre de l'aider comme vous le désirez et en avez l'habitude. La seule règle est que vous ne devez pas lui montrer l'image représentant le puzzle.

Toutes les séquences ont été filmées dans leur intégralité[19]. Le succès ou le désintérêt de l'enfant indiquait la fin de la séance. Tous les enfants ont réussi, hormis un garçon indonésien qui a dû être exclu de l'échantillon, aucune activité d'échafaudage n'ayant pu être observée. Ce cas sera évoqué un peu plus tard dans le texte.

Les 10 premières minutes ont été analysées[20].

Les variables

Nous ne nous intéresserons ici qu'à l'aspect verbal de l'acte de communication, même s'il est évident que la communication non verbale a également toute son importance.

Les variables étudiant le comportement verbal de l'adulte sont classées en deux groupes :

Les modalités d'intervention de l'adulte :

- ⇨ Encouragement
- ⇨ Constat
- ⇨ Explication
- ⇨ Ordre
- ⇨ Question

---

[19] Les enfants nous connaissaient déjà depuis plusieurs semaines.

[20] Les programmes Actogram (analyse des données d'observation chronologique : à partir d'un protocole de description, on détermine notamment la durée et le nombre d'occurrences) et Statistica (tests statistiques) ont été utilisés pour le traitement des données.

Les stratégies verbales évoquées par l'adulte

- ⇨ Positionnement des pièces dans la case
- ⇨ Manipulation des pièces
- ⇨ Forme des pièces + grandeur
- ⇨ Couleur des pièces
- ⇨ Classification, regroupement
- ⇨ Ordre de saisie des pièces et indication des pièces à saisir
- ⇨ Faire référence à un lien entre les pièces soit un nombre de pièces (par exemple : c'est la paire) ou à une similarité entre les pièces (avec l'autre, la même…)
- ⇨ Forme + couleur
- ⇨ Référence à un puzzle

Les verbalisations de l'enfant étudiées sont :

- ⇨ Demande d'aide, pose des questions
- ⇨ Refus de l'aide
- ⇨ Réponse à l'adulte
- ⇨ Constat

L'accord inter-juges a été évalué suivant le codage classique (A/A+D) (Bakeman & Gottman, 1986). Lorsque les mêmes codes sont attribués par les deux juges avec un décalage de temps inférieur ou égal à 2 secondes nous avons considéré qu'il y avait accord.[21]

---

[21] Intervention verbale de l'adulte = 93,39 ; intervention verbale de l'enfant = 98,13.

Présentation des résultats

Quelques données comportementales

Bien que cela ne soit pas l'objet de cette étude, certaines données comportementales vont être présentées afin de fournir un complément d'information qui permettra d'éclairer certains résultats concernant les modalités de verbalisation des dyades observées.

Il est à noter, au niveau du contexte spatial, et donc de la manipulation des distances, que dans l'étude présentée, la distance entre les deux acteurs est faible, inférieure à 1 mètre. Ceci donne des informations sur les caractéristiques de l'interaction, qui se situe dans la distance intime, décrite par Hall, dans ses recherches sur la proxémie (1979). La proximité affective se retrouve dans cette proximité physique.

En outre, l'enfant et la mère se sont toujours positionnés à la même hauteur. Ce choix postural indique une hiérarchie moins marquée surtout pour l'Indonésie, où il ne convient pas de s'asseoir plus haut qu'une personne de statut plus élevé, par exemple sur une chaise, si une personne âgée est assise sur le sol. Toutes les séquences javanaises présentent une spécificité absente des données européennes, qui est de mentionner verbalement la place de l'enfant dans la fratrie, par l'usage du terme « adeh », qui indique que ce dernier est le plus jeune membre de la famille.

L'acte de communication devient un moyen pour se positionner, de préciser son identité situationnelle et pour que cette position soit reconnue par l'interlocuteur. Le processus de positionnement et de structuration des relations est également évoqué, lors du rituel de début, qui dans les deux groupes culturels, a commencé par une intervention verbale de la mère, mettant fin à l'attente de l'enfant. Mais également dans le fait, que dans chaque séquence, le refus est très rarement verbalisé, et n'est apparu que, lorsque la mère a évoqué ses piètres compétences en matière de réalisation de puzzle. Il semblerait alors que sa place ne soit plus reconnue. La place est à différencier du statut puisqu'elle correspond à l'identité que se donne le locuteur, en lien avec ses intentions et sa représentation des enjeux de l'échange. Dans cette étude, la place de la mère correspond à la personne pouvant procurer l'aide nécessaire à la réalisation de la tâche, et est perçue comme telle par les deux acteurs.

Dans une des dyades, la mère ne s'est pas octroyé cette place qui pourtant lui a été suggérée à maintes reprises par les interventions de son enfant, qui lui demandait d'agir de telle sorte. Ce refus d'occuper cette place, et donc corrélativement de donner sa place à l'enfant, s'est conclu par l'arrêt des interventions verbales de l'enfant, qui s'est progressivement détourné d'elle, pour requérir le soutien des autres adultes présents. Le récepteur, ici l'enfant, va décoder le message et lui donner une signification, en fonction de représentations et de significations, qu'il partage avec l'émetteur, mais également en fonction de sa propre grille interprétative, qui est tributaire de ses motivations, réussir son puzzle dans la présente situation. Ici, le message maternel semble être difficilement interprétable à l'aide de la grille de l'enfant. Le comportement ne correspond plus à ses attentes, lesquelles sont tributaires de ses représentations. Le rôle des représentations, au niveau des interactions, se traduit en partie par « l'attribution de prédicats aux partenaires de l'interaction sociale dans un contexte culturel donné » (Mannoni, 1998 : 92).

Le discours des mères

On a évoqué, précédemment, le rôle non négligeable des représentations, dans la structuration de l'interaction. On va présenter, maintenant, quelques résultats concernant les compétences reconnues à l'enfant, dans les deux groupes culturels étudiés, afin de les mettre en relation par la suite avec les stratégies langagières maternelles.

Représentations évaluées à partir du discours des parents :

Tableau I : Âge moyen, d'après les dires des parents, auquel l'enfant est capable de réaliser seul certaines activités

Liste des items	Moyenne (en année)		Différences significatives T de Student
A quel âge en moyenne un enfant :	France	Indonésie	
Réalise un puzzle	3,1	4,15	**
Nomme les couleurs	2,85	3,30	**
Nomme les formes	3,44	3,56	ns
Compte sur ses doigts	4,15	3,52	**
Trace ses premières lettres	4,17	4,35	ns
Raconte une histoire déjà entendue	4,02	4,61	**

Probabilité de signification du T de Student : *<.05 ; **<.01

Si on considère l'âge auquel un enfant sait réaliser un puzzle, il existe une différence d'environ un an entre les deux groupes culturels. En France, 88,6% des parents situent cette acquisition vers 3 ans. Quant aux autres, ils mentionnent l'âge de 4 ans. Donc, à priori, les enfants participant à cette étude sont perçus comme maîtrisant ces compétences, ce qui n'est pas le cas des enfants indonésiens, puisque, pour ce groupe, 67,8% des parents envisagent la maîtrise de cette compétence à 4 ans ou plus (6 ans au maximum). La question se pose, donc, de savoir, si ce discours aura des répercussions sur la stratégie langagière de la mère.

Les parents, quel que soit le groupe culturel considéré, disent qu'à 4 ans les enfants savent nommer les couleurs et les formes, la France donnant les âges les plus précoces.

Modalités d'intervention maternelle

En considérant ces résultats et si nous nous référons à la théorie de l'apprentissage de Greenfield, plus le niveau de compétence est grand, plus la parole prend le pas sur les aides physiques, ce qui a été en partie le cas dans cette recherche, les mères indonésiennes (39,13%) intervenant plus, physiquement, que leurs homologues françaises (26,7%). Par contre, dans les deux groupes, le soutien par le regard est important, il représente 98% du temps de la séquence. Cet item semble renvoyer à une conception identique du besoin de l'enfant vis-à-vis de l'assistance à lui fournir, du point de vue de l'attention visuelle.

Dans les deux groupes culturels, les mères interviennent verbalement, en moyenne, pendant un peu moins de 40% du temps. Ces premiers éléments tendraient à montrer une certaine similarité dans leur pratique langagière, du moins en matière de durée d'intervention.

Mais si on considère le nombre d'occurrence et la nature des interventions verbales, on voit poindre des différences. En effet, le nombre d'occurrence varie pour un même pourcentage de temps de parole, il est en moyenne de 87 interventions chez les mères françaises[22] et de 63 pour les Indonésiennes dont la quasi-totalité était orientée vers la réalisation du puzzle[23]. On observe également des différences significatives, au niveau des constats, des encouragements et des ordres (seul item pour lequel les mères indonésiennes interviennent plus), ce qui n'est le cas ni pour les explications, ni pour les questions. Ces différences peuvent être induites par la nature même de la langue[24], mais on peut également supposer qu'elles sont la traduction d'une perception et d'une conception culturellement marquées des besoins de l'enfant et de la manière de procurer une aide, la plus efficace possible, à ce dernier.

On peut se demander si le calcul anticipatif de ces mères ne renvoie pas pour partie à une interprétation différente ou à une autre perception des besoins de l'enfant, ce qui a un effet au niveau de la zone de développement proximal définie par Vygotsky.

Dans le cadre d'un acte de communication, le comportement de ces mères est le reflet d'une variation de l'interprétation, due pour partie aux caractéristiques individuelles de leur propre enfant, mais également aux représentations en vigueur dans leur groupe culturel de

---

[22] Dont une dizaine de prise de parole n'ayant pas pour objet la tâche à réaliser.

[23] Dans les deux groupes, l'écart type est important, cet état de fait est lié aux caractéristiques individuelles des deux protagonistes.

[24] En effet, il n'existe pas de temps de conjugaison dans la langue indonésienne et le pluriel est indiqué par la répétition du mot (exemple : enfant = anak ; des enfants = ana kanak).

référence et au sens qu'elles donnent à leur conduite, dans un tel contexte. Rappelons qu'il existe une différence d'une année pour la maîtrise de la réalisation d'un puzzle au niveau du discours de ces femmes.

Les questions constituent une bonne illustration de la différence de sens qui peut émerger d'une différence de contextualisation. Dans l'échantillon français, le fait que l'adulte pose une question implique quasi systématiquement une réponse de l'enfant qui, l'interprétant comme tel, va adopter la verbalisation adéquate aux attentes de l'adulte, c'est à dire une réponse (F = 16,37). Pour l'enfant indonésien, la question de la mère ne va impliquer une réponse verbale de sa part, que dans un quart des situations (I = 3,88). La réponse attendue étant le plus souvent comportementale, la nature de la question maternelle implique une action de la part de l'enfant. On constate que la même forme verbale est utilisée, mais à des fins différentes.

Les stratégies verbales

Si on considère les stratégies verbales maternelles, dont le nombre moyen ne présente pas de différences significatives, les variations culturelles sont observables au niveau du choix des stratégies verbales utilisées, presque toutes présentant des différences significatives, hormis les deux variables suivantes : l'association de la forme et de la grandeur des pièces et la classification. Il est à noter que le fait d'associer la forme et la couleur de la pièce n'est pratiquement jamais utilisé par les mères de notre échantillon.

Pour les autres items, les Indonésiennes préfèrent le plus souvent donner des indications sur le positionnement des pièces dans la case, la manipulation des pièces, la saisie et l'ordre de saisie de ces dernières. Elles indiquent également plus volontiers les morceaux à saisir, tout comme elles établissent plus de liens entre les pièces, que ce soit au niveau du nombre (par exemple : c'est la paire), ou de la similarité, ou de la complémentarité (par exemple : avec l'autre, la même, son amie). Les mères françaises font le plus fréquemment référence à la couleur. En effet, cette stratégie fait l'objet d'environ la moitié de leurs interventions alors qu'elles ne concernent qu'un tiers de celles des mères indonésiennes. Elles sont également plus nombreuses - la moitié d'entre elles -, à évoquer la réalisation de puzzle ultérieur, ce qui peut sembler pertinent dans un contexte, où on se représente la maîtrise de cette compétence vers 4 ans.

Schématiquement, les mères indonésiennes donnent plutôt des indications concernant la place et la manipulation des pièces, en utilisant un vocabulaire lié aux activités quotidiennes, comme tidur (= couché), alors que leurs homologues françaises donnent plutôt des informations concernant la couleur des pièces. Sachant qu'à cet âge, les notions de couleur sont considérées comme acquises dans les deux groupes culturels considérés. Ce choix ne semble donc pas induit par le niveau de compétence reconnu à l'enfant, mais plutôt par la conception maternelle des modalités de soutien à apporter.

Les explications, dans le premier cas, sont plus en relation avec le comportement manipulatoire de l'enfant et les interventions physiques de la mère, qui sont beaucoup plus nombreuses que dans l'échantillon français. Le sens donné à cette situation de réalisation de tâche est intrinsèquement lié à la manière dont les mères interprètent une aide efficace. Compte tenu de la façon dont elles perçoivent les compétences de l'enfant, elles ne vont pas favoriser les mêmes possibilités d'action au travers de leur verbalisation. Cette évolution avait déjà été constatée dans une tâche de découpage où l'aide était fonction du niveau de compétence de l'enfant et de possibilités manipulatoires (Boyer, 2002).

Interventions verbales de l'enfant

Dans chaque dyade, les échanges sont importants et majoritairement de la mère vers l'enfant. Ce mode de fonctionnement renvoie à une représentation commune du positionnement hiérarchique dans la situation de réalisation de tâche, en fonction du statut de la mère, mais également de son niveau de compétence.

L'enfant, quant à lui, se tait pendant 93% du temps en Indonésie et 84% en France, où il semble le plus bavard. La même tendance est observable au niveau des fréquences. L'enfant français s'exprime deux fois plus en moyenne que son congénère indonésien[25]. Son comportement peut, là aussi, être interprété, en fonction de la signification qu'il élabore, à partir de la mise en contexte de cet acte de communication.

Dans les deux groupes culturels, ses interventions les plus fréquentes consistent en une demande d'aide, ou une réponse à l'adulte. Ces deux items présentent des différences significatives, tout comme les constats, qui sont plus largement utilisés en cours d'exécution par l'enfant français, et ne surviennent le plus souvent, qu'à l'achèvement de la réalisation d'une case ou de la totalité de la tâche, pour le petit Indonésien.

Par ailleurs, on peut envisager que la représentation de la place de la mère, dans les deux contextes, est sujette à

---

[25] Nombre d'occurrences : France = 36,5 ; Indonésie = 14,86.

variation, puisque si l'enfant javanais répond moins, il est aussi celui qui sollicite le plus fréquemment son aide. Dans ce cas, l'enfant considère peut-être que sa mère se doit d'être plus participative. Cela renvoie à la représentation courante à Java, selon laquelle, les mères sont plus interventionnistes et protectrices qu'en Europe avec des enfants de cet âge.

En conclusion

Dans cette étude portant sur la communication dans un contexte de transmission, on constate la mise en place d'un processus de « scaffolding », dont le but est d'apporter l'aide la plus efficace possible, à partir de l'interprétation que les deux acteurs ont élaborée dans ce contexte spécifique, et de leur place respective. Selon nous, les variations observables se situent au niveau du calcul anticipatif, du moins pour certains aspects des verbalisations.

On peut observer que la stratégie mise en place par les mères est en étroite relation avec les représentations qu'elles ont de l'enfant et de ses compétences. Elles ne font appel à un transfert de compétence que pour celles qu'elles considèrent comme acquises, comme la connaissance des couleurs ou le rappel d'autres puzzles réalisés, quand et uniquement quand, cela est maîtrisé. Pour l'échantillon indonésien où l'enfant est considéré comme en cours d'apprentissage pour cette tâche, les interventions verbales se centrent sur la manipulation des pièces, et plus fréquemment, en faisant référence au vocabulaire de la vie courante comme tidur (traduction couché), ou teman (son amie). Les deux stratégies langagières de ces mères favorisent des opportunités d'action spécifiques et donc conditionnent en partie les actions des enfants, qui dans un cas, sont amenés à rechercher l'adéquation des morceaux à partir de la manipulation des pièces, et dans l'autre cas en se basant de manière préférentielle sur les couleurs. L'environnement de « la personne qui apprend », et par conséquent le contenu des connaissances, doit être décrit non seulement à partir des éléments que l'individu est capable de percevoir et d'identifier, mais encore à partir de ce que lui offre ce milieu comme possibilité d'action (Rochat & Reed, 1987). Dans le cas présent, les possibilités d'action sont en partie tributaires de l'expertise de la situation. La pertinence des interventions est fonction du sens que le sujet fait émerger de la situation, dans un processus de contextualisation, ce processus étant culturellement marqué.

On soulignera pour conclure l'importance du contexte culturel. Bruner écrivait à ce sujet :

> *Mon point de vue est que la culture (et non la biologie) donne forme à la vie et à l'esprit de l'homme, qu'elle donne une signification à son action, en situant l'intentionnalité qui la sous-tend dans un système interprétatif précis (1991 : 48).*

Même si l'intention dans les deux groupes est identique : conduire l'enfant au succès, les interactions entre les membres de chaque dyade, sont tributaires d'une interprétation et d'émergence de significations spécifiques, provenant du processus de contextualisation.

La prise en compte de ces éléments et de leur possible variation pourrait constituer un moyen, ou du moins induire une réflexion, sur la manière de considérer une situation d'apprentissage, en gardant à l'esprit, que ces différences d'appréhension d'une même réalité peuvent éventuellement conduire à une incompréhension génératrice d'échec, notamment lorsque l'apprenant se trouve dans un contexte culturel dont il ne maîtrise pas tous les codes.

Bibliographie

Bakeman, R & Gottman, M. J. 1986. *Observing interaction : an introduction to sequential analysis.* Cambridge : University Press.

Baudonnière, P.-M. 1988. *L'évolution des compétences à communiquer chez l'enfant de 2 à 4 ans.* Paris : PUF.

Bernicot, J. et al. 1998. *De l'usage des gestes et des mots chez l'enfant.* Paris : Armand Colin.

Berry, J. W., Poortinga, Y.P., Segall, M.H. & Dasen, P.R. 1992. *Cross-cultural psychology : research and applications.* Cambridge : Cambridge University Press.

Boyer, I. 2002. « Comment l'adulte augmente la capacité d'action chez l'enfant ? Une étude comparative du guidage dans la réalisation d'un découpage chez l'enfant de 3 à 7 ans ». In *Revue d'anthropologie des connaissances.* Vol. XIV. 2. Paris : Erès. pp. 191-213.

Bruner, J. 1983. *Le développement de l'enfant. Savoir faire, savoir dire.* Paris : PUF.

Bruner, J. 1991. *...car la culture donne forme à l'esprit. De la révolution cognitive à la psychologie culturelle.* Paris : Eshel.

Bruner, J. 2000. *Culture et modes de pensée. L'esprit humain dans ses œuvres.* Paris : Retz.

Greenfield, P. 1984. « A theory of the teacher in the learning activities of everyday life ». In Rogoff, B & Lave, J. (eds). *Everyday cognition.* Harvard : Harward University Press. pp. 117-138.

Hall, E. 1979. *La dimension cachée.* Paris : Seuil.

Jodelet D. 1989. *Folies et représentations sociales.* Paris : PUF.

Lillard, A. 2007. « Guided participation : how mothers structure and children understand pretend play ». In Göncü, A. and Gaskins, S. (eds). *Play and development : evolutionary, sociocultural and functional perspectives.* Londres : Lawrence Erlbaum Associates. pp.131-153.

Mannoni P. 1998. *Les représentations sociales.* Paris : PUF.

Mucchielli, A. 2005. *Etude des communications: approche par la contextualisation*. Paris : Armand Colin.

Mucchielli, A. (eds.). 2007. *L'interaction et les processus de l'émergence.* Paris : ESKA.

Nutbrown, C. 1997. *Recognising early literacy development. Assessing children's achievements.* Londres : Paul Chapman Publishing ltd – a Sage Publications Company.

Reed, E.S. 1993. « The intention to use a specific affordance : a conceptual framework for psychology ». In Wozniak, R.H. & Fischer, K.W. (eds). *Development in context. Acting and thinking in specific environments.* Hillsdale. New Jersey : Lawrence Erlbaum Associates. pp. 45-76.

Rogoff, B. 1990. *Apprenticeship in thinking. Cognitive development in social context.* Oxford : Oxford university press.

Rogoff, B., Mistry, J., Göncü, A. & Mosier, C. 1993. *Guided participation in cultural activity by toddlers and caregivers. Monographs of the society for research in child development.* Serial n° 236.Vol. 58. 8.

Rogoff, B. 1993. « Children's guided participation and participatory appropriation in sociocultural activity ». In Wozniak, R.H. & Fischer, K.W. (eds). Op. cit. pp. 121-153.

Super, C. & Harkness, S. 1986. « The developmental niche : a conceptualization at the interface of child and culture ». In *International journal of behavioural development.* 9. pp. 545-569.

Valsiner, J. 1985. « Parental organization of children's cognitive development within home environment ». In *Psychologia.* 28. pp.131-143.

Vygotski, L. 1997 (1ère éd. 1987). *Pensée et langage*. Paris : La Dispute.

Watzlawick, P. & al. 1972 (1ère éd. 1967). *Une logique de la communication.* Paris : Seuil.

DES LANGUES DES ELEVES A LA LANGUE DE LA SCOLARISATION : QUELQUES PROPOSITIONS POUR L'ENSEIGNEMENT/ APPRENTISSAGE DU FRANÇAIS DANS UN CONTEXTE PLURILINGUE ET VARIATIONNISTE

Marie-Madeleine Bertucci[26]

Université de Cergy-Pontoise
EA 1392 CRTF, pôle LaSCoD
F-95 000 Cergy-Pontoise

L'institution scolaire ne prend pas en compte dans les classes ordinaires le plurilinguisme familial des élèves[27]. Cette méconnaissance souligne que le plurilinguisme en milieu scolaire ordinaire est un phénomène ignoré et illustre l'indifférence de l'école à tout ce qui ne rentre pas dans son champ institutionnel. L'école pourrait, en effet, admettre que le plurilinguisme des élèves est une richesse culturelle, une aide à l'apprentissage du français et un atout professionnel ultérieur potentiel.

---

[26] marie-madeleine.bertucci@u-cergy.fr

[27] On définira le plurilinguisme comme « la capacité d'un individu d'employer à bon escient plusieurs variétés linguistiques, ce qui nécessite une forme spécifique de la compétence de communication. Celle-ci consiste à gérer le répertoire linguistique en fonction d'un « éventail large de facteurs situationnels et culturels » » (Cuq, 2006 : 195).

C'est la raison pour laquelle, on défendra l'idée, dans ces pages, qu'une reconnaissance, comme le stipulent les programmes de l'école élémentaire de 2002, voire un enseignement organisé et structuré[28] des langues de la maison[29] favoriseraient l'acquisition du français, en confortant la place des élèves plurilingues, en la rendant visible, voire légitime. Loin de constituer un frein à l'apprentissage du français[30], l'enseignement de certaines de ces langues ou tout au moins des plus répandues, autoriserait l'intégration et la reconnaissance de ces élèves. Ceux-ci y gagneraient une légitimité et un statut qu'ils n'ont pas ou qu'ils n'ont que difficilement, et ce faisant pourraient améliorer leur relation au français, en évitant de radicaliser la confrontation entre les langues de la maison et la langue de l'école. Peut-être y a-t-il là une piste de lutte contre l'exclusion ? Des études ont montré que de nombreux enfants de nationalité française ou non, et dont la famille a connu une situation de mobilité, souhaiteraient connaître et parler leur langue d'appartenance. C'est le cas par exemple dans certaines familles africaines, qui aspirent à un bilinguisme français/langues africaines et souhaitent avoir accès à des cours de langue (Leconte, 1998). Une étude comparable a été menée en Suisse auprès d'élèves scolarisés en classe d'accueil, qui ont manifesté également le désir

---

[28] En essayant de trouver un dispositif autre que celui des ELCO (enseignement des langues et cultures d'origine) dont on a montré les limites, dispositif qui a pu également être stigmatisé en raison des dérives auxquelles il a parfois donné lieu (Bertucci, 2007a).

[29] La notion de *langues de la maison* (Fioux, 2001) peut constituer un moyen d'échapper à une terminologie non dénuée de connotations comme celles auxquelles renvoient les termes de langue maternelle ou de langue d'origine. Elle s'oppose aussi clairement à la langue de l'école.

[30] Entendu ici comme la langue de scolarisation.

d'apprendre leur langue maternelle pour « garder les liens avec le pays » et « apprendre la langue d'accueil » (Gohard-Radenkovic, Mujawamariya & Pérez, 2002).

Quel statut faut-il donner au plurilinguisme en milieu scolaire ordinaire ?

Les répertoires verbaux des élèves ne donnent pas lieu à une recherche systématique dans l'institution scolaire, les notions de langue maternelle et seconde ou langue 1 et langue 2 non plus[31]. Or, on peut, en dehors du cas des primo-arrivants, s'interroger sur le statut du français pour d'autres élèves, scolarisés dans des classes ordinaires, compte tenu de la diversité des langues avec lesquelles ils sont en contact en dehors de l'école.

Un sondage rapide mené dans un collège de l'académie de Versailles dans deux classes de quatrième et troisième illustre de manière frappante la situation de plurilinguisme en milieu ordinaire (Bertucci, 2005).

Sur cinquante-trois élèves[32], vingt et un déclarent parler français chez eux ; vingt-neuf, une autre langue et éventuellement le français, trois ne répondent pas. La moitié des élèves interrogés vivent dans une situation plurilingue[33]. Or, l'institution scolaire néglige le paramètre

---

[31] Malgré l'existence de la brochure intitulée : *Le français langue seconde*. Le français langue seconde y est défini non comme une « discipline distincte du français » (2000 : 5), mais « comme une modalité d'accès » au français, « pour les élèves arrivés de l'étranger en France en cours de scolarisation » (Id.).

[32] Vingt-sept en troisième, vingt-six en quatrième.

[33] Les langues concernées sont en usage dans le Maghreb (arabe dialectal) ; en Afrique Subsaharienne ; dans la zone caribéenne ou dans l'Océan Indien (différents créoles).

du plurilinguisme dans la composition des classes ordinaires. Sans remettre en question le principe selon lequel la langue d'enseignement est le français[34], on peut se demander s'il ne conviendrait pas de reconstruire les catégories, en prenant en compte cette variable dans les classes. En effet, un grand nombre d'élèves ayant connu eux ou leur famille une situation de mobilité, et de nationalité française, échappent de ce fait à toute analyse (Barthon, 1999 : 100) et leurs difficultés scolaires, notamment dans l'apprentissage du français, qui pourraient résulter en partie de la méconnaissance de cette situation plurilingue ne trouvent pas toujours une réponse adaptée. Or, ces élèves sont tous nés en France, cinq exceptés[35].

Langue de scolarisation, langue maternelle, langue seconde : quel statut ?

On part généralement de l'idée à l'école, que la langue de scolarisation, est la langue maternelle de la majorité des élèves et des enseignants, sans jamais remettre ce point de vue en question. Or, pour ces élèves, le français n'est pas, strictement, une langue maternelle, mais est-il pour autant une langue seconde ? On peut se demander si on ne se trouve pas dans une situation d'entre deux, difficile à cerner et qui permet de mesurer le degré d'intégration de ces élèves, l'appropriation de la langue se trouvant «au fondement de la constitution d'une identité commune » (Crépon, 2001 : 29). Ces élèves, pour le plus grand

---

[34] *Code de l'éducation*. Article L121-3. Première partie, Livre Ier, Titre II, ch.1er, p. 4.

[35] Deux refusent de répondre, l'un disant qu'il s'agit d'un élément personnel.

nombre, parlent aussi français chez eux. On peut donc se demander si, pour eux, la ou les langue(s) de la maison n'ont pas pris ou ne vont pas prendre des fonctions *communicatives, symboliques, identitaires* (Desprez, 2000 : 58), autres que celles qu'elles avaient pour leurs parents.

On peut faire l'hypothèse à vérifier dans des travaux ultérieurs que lorsque plusieurs langues sont présentes et coexistent dans la famille, chacun des parents parlant une langue différente, c'est le sujet qui en définitive choisit sa langue maternelle en fonction d'affinités pour partie subjectives. De même, on peut se demander si lorsque les parents parlent une autre langue et le français, il n'y a pas des « statuts mixtes ou intermédiaires entre les deux pôles maternel et étranger » (Cuq, 2006 : 151). Le français n'est pas non plus une pure langue de scolarisation, puisqu'il n'est pas appris exclusivement à l'école mais aussi par les médias et les interactions entre pairs. La perspective plurilingue brouille les démarcations et installe des flottements typologiques (Coste, 2006 : 17- 20). Elle fait apparaître la complexité du statut des langues et de leur rôle, notamment si on considère les fonctions de « socialisation, de communication, d'acculturation, de scolarisation des langues » (Cuq, id.) et leurs modalités de structuration dans le répertoire des locuteurs.

La/les langues de la famille semblent partager certaines fonctions avec le français, dans l'environnement familial des élèves et elles n'ont pas disparu, même si elles s'érodent. Le français apparaît être bien plus qu'une langue d'accueil, sans être véritablement la langue maternelle. Il incarne une langue et une culture autres mais pas tout à fait étrangères. Il intervient, de ce fait, dans la construction de l'identité et son apprentissage constitue un élément clé d'une intégration réussie.

Le statut du français à l'école : une fonction d'homogénéisation

Au plurilinguisme en milieu ordinaire, comme on l'écrivait précédemment, l'institution scolaire ne donne pas de réponse.

Les programmes de français du collège n'envisagent pas la diversité (Bertucci & Corblin, 2004). Le collège, selon les textes, donne les références communes et constitue un moule commun à tous les élèves dans le cadre d'une formation intellectuelle et civique à la fois (*Français, Programmes et accompagnements*, 1999 : 15).

Les programmes reposent sur une représentation unificatrice qui est celle de la langue nationale, jamais définie dans les programmes sauf de manière indirecte pour les élèves allophones comme « la langue de la communication scolaire et progressivement extrascolaire » (Id. 1999 : 30). Les notions de langue maternelle et de langue nationale ne sont pas discutées et se fondent implicitement sur la notion de français standard.

Les pratiques langagières des élèves ne sont pas prises en compte dans l'enseignement de la langue de scolarisation, qui ne se fait pas d'un point de vue variationniste. Les langues maternelles des élèves allophones sont mentionnées sans être nommées (Id., 1999 : 32). La variété standard qui est enseignée, fait autorité, sans être néanmoins présentée comme telle. A aucun moment, les programmes ne s'interrogent sur la variété de français qu'on enseigne ou sur la description qu'on en propose[36].

---

[36] La notion de discours au cœur des programmes pourrait y conduire mais elle n'est pas envisagée dans cette perspective (Id. : 28).

Cette conception de la langue relève d'une tradition historique forte. Elle se fonde sur une description de la langue offerte par les grammaires de référence et les manuels scolaires ainsi que sur une transmission permise entre autres par la pratique d'exercices codifiés. Elle est fortement remise en question, cependant, par la présence d'élèves plurilingues et par les difficultés que rencontre l'enseignement traditionnel[37]. Or si les programmes du collège évoquent la diversité, le phénomène semble ressenti comme un obstacle, voire comme une remise en question implicite du modèle universaliste.

Diversité linguistique et culturelle, apprentissages et identités

Admettre le plurilinguisme comme une donnée nécessaire à la compréhension des mécanismes de l'apprentissage et donc aussi de l'apprentissage du français pourrait conduire à envisager l'existence d'une catégorie et à construire une différenciation dans un groupe d'élèves a priori homogène, parce que pratiquement tous nés en France.

La diversité culturelle constitue un trait de la vie nationale française (Bertucci & Houdart-Merot, 2006 : 20), bien qu'elle soit toujours mise au second plan au profit de la construction de l'identité commune (Dubet & Lapeyronnie, 1992 : 89). Or, reconnaître les langues de la maison ne signifie pas pour autant marginaliser les individus, mais au contraire, ce peut être une marque de reconnaissance pour une meilleure intégration. L'identité

[37] On renvoie ici aux travaux sur la crise du français de Chiss et au grand nombre de publications et de témoignages sur le sujet, qui paraissent tous les ans (Bertucci, 2003).

commune peut se faire sur des composants variés et ne suppose pas forcément une totale uniformité.

On observera que l'identité plurilingue est difficile à faire reconnaître car la singularité qu'elle affiche se dit sur un mode pluriel, perçu comme différent alors que l'appartenance à une communauté implique d'être reconnu comme semblable. Tout repose en fait sur la conception de la langue. Si l'on s'en tient à la variante de prestige, décrite dans les outils de référence (grammaires et dictionnaires) et légitimée socialement, on ne voit plus la diversité. Si on admet la diversité linguistique et le plurilinguisme, la langue n'est plus seulement un objet normé et prévisible mais elle devient aléatoire, échappant au déterminisme comme au probabilisme.

Or, en France, l'identité nationale se définit par opposition au multiculturalisme et s'est construite sur le monolinguisme. Une conception *essentialiste* de la langue domine l'approche du français (Klinkenberg, 2001 : 60). Le parler métissé, hybride, plurilingue ne coïncide pas avec cette vision, qu'il heurte et bouscule. Ainsi tout ce qui n'entre pas dans le cadre de la pureté linguistique relève du *bricolage*, voire de la *pathologie* (Amselle, 2004 : 275). Cette stigmatisation des pratiques langagières touche aussi les locuteurs, souvent des migrants, et interroge le schéma français d'intégration et dans celui-ci notamment le traitement réservé au plurilinguisme. La situation de minorisation linguistique et sociale induit un risque. Elle peut ne pas laisser indemne le sujet et elle risque de devenir un trait identitaire spécifique, entraînant un rapport aux langues et surtout au français qu'il faudrait interroger. En effet, comprendre le fonctionnement des identités plurilingues suppose de prendre en compte l'expérience de l'exil qu'ont connue les individus, de façon souvent douloureuse, expérience de la déterritorialisation, souvent suivie d'une reconfiguration délicate de la relation à la langue maternelle.

Pour conclure, on observera que les langues ne sont pas sur un pied d'égalité et que les relations hiérarchiques qu'elles entretiennent contribuent à entretenir une relation inégalitaire, réelle ou imaginaire entre les locuteurs (Bertucci, 2007b). Les représentations construites autour du français peuvent être interprétées comme particulièrement significatives de cette relation et supposent d'être modifiées pour rendre possible une évolution vers le plurilinguisme.

Cette prise en compte passe aussi par une perception exacte du français parlé par les élèves et notamment par la présence du lexique des français de l'espace francophone, en ce qui concerne les élèves migrants.

Le français des élèves

En 2008, l'école se trouve confrontée à une situation de diversité linguistique, résultant de la décolonisation et des phénomènes migratoires. En effet, si les langues régionales, à l'exception des créoles, ne concurrencent plus véritablement le français, les situations de plurilinguisme intérieur sont assurément vivantes, et le français standard coexiste avec des variétés régionales, certes, mais aussi francophones, principalement maghrébines, africaines, caribéennes ou réunionnaises et avec les langues des migrants.

L'école est aux prises en 2008, avec une question linguistique différente de celle du XIXe siècle, mais analogue, dans la mesure où elle peut être antagoniste à la diffusion du français standard. Cette situation est mal connue des professionnels de l'enseignement et ne fait pas l'objet d'une réflexion collective. Si les programmes de collège de 1996 mentionnent les élèves allophones à travers la notion de français langue seconde, nouveauté qui prend acte de la diversité, ils ne disent rien de ces élèves, ni de la proximité qu'ils peuvent avoir avec des variétés de français non hexagonales. L'objectif est l'intégration « des élèves étrangers dans le système éducatif français » et l'accession de ces élèves à « un bilinguisme dans lequel le français est la langue de la communication scolaire et progressivement extrascolaire » (Id. : 32). L'homogénéisation linguistique est la norme. Le but est de conduire les élèves à s'immerger progressivement dans le français[38] pour recevoir progressivement un enseignement identifié comme un enseignement de français langue maternelle[39] (Id. : 34).

Mais jamais l'idée que le français soit au nombre des langues parlées par ces élèves, ou tout au moins par certains d'entre eux, antérieurement à leur scolarisation en France, n'est évoquée. Or, on sait qu'en milieu ordinaire, sont présents des élèves parlant des variétés de français non standard et non hexagonal. Aucune réflexion n'est menée sur les relations qui unissent ces variétés au français standard. Si on prend les relations lexicales par exemple, on verra qu'elles se fondent sur une problématique de la transparence et de l'opacité, du même et de l'autre. En effet ces variétés offrent un grand nombre de mots formellement identiques à ceux du français standard et qui ont pourtant des sens différents, à travers un double mouvement d'appropriation d'un terme et de création d'un sens nouveau. Ainsi, *ration* dans le lexique français de Côte d'Ivoire signifie « la somme d'argent

---

[38] Vu à ce stade comme une langue seconde pour les élèves allophones. Id. p. 32.

[39] Les programmes ne distinguent pas la langue maternelle de la langue nationale.

destinée à l'achat de la nourriture de base journalière de la famille » (Lafage, 2003 : 698), *piétiner* ou *gratter* : « aller à pied » (Id : 652, 450). On trouve des exemples similaires dans le français camerounais : *politicien* est employé pour dire de quelqu'un qu'il est « un intrigant ou un menteur » (Biloa, 2003 : 126), *les bancs* désignent l'école (Id.).

L'intercompréhension peut devenir dans ces conditions malaisée, la distance avec le standard est importante. Le cas du français régional de La Réunion est encore plus frappant du fait de ses liens avec le français standard et le créole car les mots y sont semblables mais ont des sens distincts.

Carayol, dans les *Particularités lexicales du français réunionnais* (1985 : 5-6), donne les exemples suivants : *Habitation* désigne en français standard : « le lieu où l'on habite, syn. : demeure » (Petit Robert 2006) ; en créole et en français régional de La Réunion, il désigne « l'exploitation agricole ou le champ cultivé », éventuellement la demeure en français régional (Carayol, op. cit. : 333). *Voyage* signifie en créole *le transport* (Armand, 1987 : 375), notamment *le transport de l'eau* : *voyage do l'eau*, « Zot y fait voyage d'l'eau » (Albany, 2001 : 178) ; en français réunionnais, *voyager* c'est *se déplacer, faire un court trajet* (Carayol, op. cit. : 343), et en français standard, *faire un voyage* renvoie à un déplacement dans un lieu assez éloigné (Petit Robert, 2006). La monosémie est donc loin d'être dominante comme le montrent ces exemples.

On fera l'hypothèse que ces variétés non hexagonales sont présentes à l'école, mais de façon souterraine, inaudible, du fait de la résistance de l'institution à la notion de variété. Or, cette résistance est préjudiciable aux élèves et constitue une pesanteur et un frein. D'une part, elle peut être un obstacle à l'apprentissage du français pour certains élèves, d'autre part elle traduit les réticences de l'institution face à une altérité, dont le plurilinguisme serait l'expression.

C'est sur ce point que la réflexion doit être entamée. La question de la norme et de la variation se trouve au centre, l'enjeu étant le statut des variétés. Il s'agit donc plus d'un obstacle idéologique que d'une impossibilité réglementaire[40]. En fait c'est probablement l'absence de réflexion collective sur la question de l'hétérogénéité linguistique et culturelle et la tradition de l'uniformisation de l'enseignement qui font que les pratiques langagières des élèves, hors français standard, sont mal perçues par les enseignants, qui les ignorent ou les condamnent, mal préparés qu'ils sont par leur formation, axée sur la transmission du code dominant, à les repérer et à les exploiter dans la perspective de l'apprentissage du français.

Si on ne peut envisager que les enseignants maîtrisent toute l'étendue de la diversité du lexique francophone, tant qu'un dictionnaire en faisant état ne sera pas disponible, il est possible en revanche de déplacer la relation pédagogique. Ainsi, considérer les pratiques langagières des élèves non sous l'angle du défaut et de la carence, mais pour essayer d'établir des passerelles entre les variétés, permettrait de considérer l'enseignement du français moins comme une norme unique à transmettre que comme un savoir à construire dans toute sa diversité.

Il ne faut pas se dissimuler néanmoins que les problèmes relatifs à l'apprentissage du français ne se

---

[40] Pour autant, les textes ne sont pas muets sur la question des variétés, puisque dès 1951, l'article 2 de la loi Deixonne sur l'enseignement des langues régionales affirme l'intérêt pour les enseignants de recourir aux parlers locaux si cela s'avère profitable à l'enseignement du français.

limitent pas aux points que l'on vient d'aborder et que la question de la maîtrise du français, langue de scolarisation, est un problème sérieux, pour un certain nombre d'élèves, auquel on va s'attacher maintenant, notamment en raison de la distance entre les pratiques langagières des élèves et la langue de l'école et ce particulièrement dans les zones d'éducation prioritaire (ZEP), dans lesquelles les difficultés scolaires sont particulièrement visibles.

On posera en principe que, dans la perspective de l'intégration scolaire, le français est « l'outil de construction des savoirs » permettant l'entrée dans la littératie (Chiss, 1997 : 59). Or, la distance entre le français de l'école et les pratiques langagières des élèves peut constituer un facteur d'exclusion, et une sorte de conflit intériorisé par les élèves entre une forme orale de pratique sociale et les formes écrites et standardisées de l'école (Lahire, 1993). Ceci amène par conséquent à revoir les concepts de norme et de grammaticalité et justifie le souhait formulé ici de placer l'enseignement de la langue dans une perspective variationniste (Chiss, 1997 : 45). C'est donc un remaniement de l'approche de la didactique de la langue qu'il faut envisager.

Parler des élèves, langue de l'école, échec scolaire

Des études de productions d'élèves (Manesse, 2003) comme l'analyse des résultats fournis par la Direction de l'évaluation et de la prospective (DEP) du ministère de l'Education nationale (MEN) montrent nettement les difficultés en français des élèves de ZEP. L'écart des résultats entre les élèves de ZEP[41] et les élèves hors ZEP

---

[41] Ministère de l'Education nationale, 2004, « Les réponses des élèves à l'évaluation de septembre 2003 ». *Note évaluation*,

aux évaluations nationales en est un indicateur notamment en matière de maîtrise des outils de la langue. En 2003, le score moyen global des élèves hors ZEP/REP[42] atteint 66,8 % soit 10,7 % de plus que celui des élèves scolarisés en ZEP : 56,1 % (MEN : DEP : 2004).

On peut expliquer ces écarts, entre autres, par la distance entre les usages des élèves et la langue de l'école, qu'on désignera comme une variété scolaire[43] du français, distance qui peut être identifiée comme une source de difficultés[44].

Les travaux de Manesse (2006) font apparaître les difficultés des élèves à réaliser les tâches qu'on leur demande et notamment la production d'écrits narratifs, faute d'une maîtrise de l'outil linguistique. Les causes des échecs, selon Manesse, sont à chercher non dans leur inaptitude à construire un récit mais dans leur manque de savoir préalable sur la langue, indispensable pour passer à une activité métatextuelle.

On justifiera cette position en soulignant le fait que les productions des élèves ne manquent pas d'une certaine cohérence linguistique et qu'on sent percer, sous la diversité des erreurs, en orthographe par exemple[45], une

---

www.education.gouv.fr/edutel/noteeval/eva0405.pdf, page active le 28-04-10.

[42] Réseau d'éducation prioritaire.

[43] Boyzon-fradet analysant « les textes didactiques » dans les manuels, propose de définir la *langue de l'école* par notamment « l'hétérogénéité des types de discours » et son caractère décontextualisé, abstrait, abondant en structures complexes (1997 : 98).

[44] On s'inscrit ici dans un courant d'analyse déjà ouvert et notamment par Boyzon-fradet (Id., 1997).

[45] Ce sont souvent les plus visibles.

certaine systématicité, malgré l'instabilité apparente ; ce qui suppose l'existence chez les élèves, contrairement à ce qu'affirme le discours commun, d'un raisonnement linguistique.

On pourrait faire l'hypothèse que cette systématicité se manifeste par une tendance des scripteurs à supprimer les oppositions entre le code oral et le code écrit et les redondances propres à l'écrit, et par exemple pour l'expression du genre dans le groupe nominal, par un recours au déterminant comme seule marque du genre « un homme très gentille, un garçon nommée Pierre, le vieille homme, un corbeau noire, le hiboux perchée » (Bertucci, 2001). Le déterminant seul suffirait également à indiquer le nombre : « des adieu, ses amie, les autre, des bandit, les bandit, les boie, des busard ».

Ces productions[46] seraient donc plus subtiles au plan linguistique qu'il n'y paraît. On pourrait aller jusqu'à interpréter ces dysfonctionnements comme un double mouvement de simplification et de complexification qui se traduirait à la fois par une absence de discrimination, par des assimilations, des alignements, des figements.

Force est de constater que ces erreurs contribuent au manque de lisibilité des productions des élèves et sont une entrave à leur réussite scolaire : plus de la moitié des élèves de troisième interrogés par Manesse se déclarent « mauvais, faibles, nuls en orthographe » (2003 : 41). D'une part, elles les conduisent à une réduction de leurs projets expressifs[47] du fait de leur situation d'insécurité linguistique (Bertucci, 1997), que Manesse signale

[46] Qu'il n'est pas possible de développer plus longuement ici.

[47] De nombreuses copies sont très courtes et cet aspect ne semble pas susciter de questionnement. Par ailleurs l'insécurité linguistique est très peu abordée en didactique du français langue maternelle.

également en parlant de la *panique* de certains élèves (2006 : 227) à propos du travail sur la langue. D'autre part, elles contribuent à les placer en situation d'échec, compte tenu de leur caractère très pénalisant et ce dans toutes les disciplines. Cette question est cruciale car elle met en évidence l'hétérogénéité linguistique, sociale, culturelle des élèves, qui semble être un des traits majeurs du système éducatif contemporain et une des causes de l'échec scolaire.

Quelles perspectives didactiques faut-il envisager pour tenter de remédier à cette situation ?

Les perspectives didactiques : comment mobiliser les savoirs linguistiques des élèves ?

On insistera d'abord sur le fait que les élèves possèdent un savoir sur la langue. Ils connaissent des règles, en orthographe notamment. La difficulté, pour eux, est de mobiliser ce savoir le moment venu. Pour l'enseignant, la difficulté est d'organiser et de structurer ces connaissances entre elles, autrement dit de construire les bases d'un savoir réflexif et métalinguistique chez les élèves. Les enseignants se heurtent à un savoir qu'il est difficile d'activer, au sujet duquel on peut parler de fossilisation, du fait de la réitération constante de certaines erreurs (Bertucci, 2001 ; Manesse[48], 2003 : 61 et suiv.).

On peut regretter une certaine absence de réflexion psycholinguistique en didactique du français langue maternelle et une certaine méconnaissance chez les enseignants de la manière dont les élèves construisent un

---

[48] Manesse décrit précisément le caractère très limité des progrès des élèves entre la 6e et la 3e.

savoir sur la langue. Partir des erreurs pourrait servir de base théorique à une didactique de la langue appuyée sur les travaux des élèves.

Une connaissance des traits du français parlé est également nécessaire pour construire une approche comparative de celui-ci avec la syntaxe du français standard écrit de l'école. Il faudrait partir du français que parlent les élèves pour les amener au français scolaire en construisant un système d'oppositions pour la syntaxe et pour les registres lexicaux. Laparra, en 1997, insistait déjà sur ce point en soulignant la nécessité de partir des « compétences linguistiques des élèves » (1997 : 90). On ne peut que regretter à cet égard l'inaptitude de « l'outillage grammatical scolaire » à prendre en compte la langue parlée (Chiss, 1997 : 45).

Faut-il contextualiser les pratiques d'enseignement ?

Cette proposition peut être contestée dans la mesure où elle amène à contextualiser les pratiques d'enseignement et où elle pourrait conduire à sortir d'un programme et de pratiques didactiques communes à tous les élèves supposant une exigence maximale et uniforme pour tous. En l'état actuel des choses, la discussion est indispensable. Il conviendrait donc de susciter un débat et d'expérimenter, de manière contrôlée et limitée, quelques points.

La question du plurilinguisme lié aux phénomènes migratoires et ses relations avec l'apprentissage du français n'est pas analysée. Or, une enquête de l'INSEE fait l'hypothèse que parmi les individus nés en France, ayant parlé français avec leurs parents durant leur enfance, 7 % seulement éprouvent des difficultés à l'écrit. Ce taux atteindrait 11 % pour les personnes nées en France et ayant utilisé une autre langue dans leur enfance (Murat, 2004 : 1)[49].

On soulignera simplement à ce stade que la valorisation du plurilinguisme, en milieu scolaire ordinaire, modifierait la relation des élèves avec le français et les autres langues et pourrait favoriser l'apprentissage du français en en faisant l'enjeu essentiel de l'intégration. Il existe des expériences déjà conduites, comme le programme EVLANG[50] notamment, qui pourraient être développées. Une réflexion sur les langues d'appartenance des élèves et leur valorisation en tant que telles dans le cadre scolaire devrait être également conduite.

---

[49] www.insee.fr, page active le 28-04-10.

[50] Dans les années 2000, voir les travaux de Candelier sur ce point. Le Programme Evlang (Eveil aux langues à l'école primaire) est un programme européen d'innovation pédagogique et de recherche, soutenu par la Commission européenne dans le cadre des actions Socrates-Lingua, qui s'est terminé en juin 2001. Pendant plus de trois ans, de 1997 à 2001, il a réuni les efforts de partenaires autrichiens, espagnols, italiens, français, auxquels se sont adjoints des partenaires suisses, soutenus par l'Office Fédéral de l'Education et de la Science. L'objectif du programme Evlang était de vérifier, sur un grand nombre d'élèves et avec une méthodologie de recherche strictement contrôlée, si les activités d'éveil aux langues à l'école primaire conduisaient bien aux effets espérés. L'activité déployée s'est répartie sur trois domaines : la production de supports didactiques destinés à alimenter un cursus de un an à un an et demi, impliquant des élèves de la fin de l'école élémentaire ; la formation d'enseignants susceptibles de mettre en œuvre ces cursus dans leur classe habituelle ; l'évaluation, quantitative et qualitative des ces cursus. Voir site :

www.jaling.ecml.at/french/texte_intro.htm

Comment construire un savoir sur la langue ?

De même, une réflexion plus générale sur les situations d'exil et de transculturalité (dont on sait qu'elles conduisent à des restructurations identitaires (Moro, 1998)) et le statut des langues, maternelle ou seconde, serait utile pour accueillir des élèves qui ont vécu des situations de mobilité et sont l'objet de phénomènes de minorisation et de stigmatisation. Ainsi, à l'intersection de la psycho et de la sociolinguistique, la question des représentations que les élèves construisent sur la langue est essentielle, du fait de la concurrence qui peut exister parfois entre le français et la langue d'appartenance. Le français apparaît à la fois comme une langue valorisée dans la perspective de l'intégration, ou comme une langue imposée, minée par la nostalgie d'une « identité linguistique-culturelle enfouie » (Chiss, 1997 : 63).

La situation n'est pas binaire et ne se résume pas à une opposition savoir versus non savoir, d'abord parce que les élèves concernés, ont des connaissances en français. Le problème pour eux est de les mettre en pratique ; la difficulté pour l'enseignant est de parvenir à faire activer ces connaissances par les élèves. Or à ce stade, ce qui est nécessaire à l'enseignant, c'est finalement d'arriver à déterminer ce que l'élève connaît de la langue, les connaissances qu'il peut objectiver en tant que telles, et comment il pourra les relier à un savoir nouveau. L'obstacle, toujours pour les enseignants, est que le savoir des élèves apparaît souvent figé et les connaissances difficiles à faire évoluer, malgré la reprise d'année en année des mêmes notions. Il apparaît donc souhaitable de réfléchir à la manière dont se construit un savoir sur la langue. Une telle réflexion pourrait guider une didactique, qui prendrait en compte le savoir des élèves en structurant les connaissances, afin d'éviter ce que montrent les études d'erreurs : le figement, la fossilisation de productions erronées, toujours les mêmes[51]. Partir des erreurs pourrait servir de base théorique à une didactique de la langue appuyée sur les travaux des élèves. Cette question est cruciale mais pour aboutir elle doit considérer également la relation à la langue des élèves, susceptible d'expliquer certaines des difficultés d'apprentissage. Aussi est-ce sans doute moins une question de types d'exercices - plus ou moins de dictées par exemple - qu'une compréhension des mécanismes psycholinguistiques de l'apprentissage qui est en jeu à la base.

Pour conclure, si l'on ne peut nier la faible maîtrise de la langue d'un certain nombre d'élèves de ZEP, il n'en demeure pas moins que des solutions sont possibles mais qu'elles exigent des réaménagements tant dans la conception de la didactique de la langue que dans la formation des enseignants. A des problèmes spécifiques répond une formation spécifique. Enfin cet enseignement qui peut apparaître contextualisé et propre aux ZEP, amène à s'interroger sur le statut de la différence dans une école très marquée par la conception universaliste. C'est peut-être là que doit s'ouvrir une réflexion collective dans la mesure où les problèmes liés à/aux langues dépassent la seule didactique car ils conduisent à poser la question de l'intégration et plus largement celle du statut de l'altérité à l'école.

---

[51] Ces erreurs se concentrent sur un certain nombre de points, toujours les mêmes, ce que montrent les analyses d'erreurs (Moirand, Porquier, 1977 : 27), et qu'on peut attribuer à l'existence de zones de vulnérabilité du système du français, dont il faudrait privilégier l'étude.

Bibliographie

Amselle, J.-L. 2004. « Du métissage au branchement des langues ». In Dakhlia, J. (éd.). *Trames de langues : usages et métissages linguistiques dans l'histoire du Maghreb.* Paris : Maisonneuve et Larose. pp. 273-278.

Albany, J. 2001. (1ère éd. 1974). *P'tit glossaire. Le piment des mots créoles.* Saint-Denis : Hi-Land Océan Indien.

Armand, A. 1987. *Dictionnaire Kréol rénioné / français.* Saint-André : Océan éditions.

Aubert, Fr., Tripier, M. & Vourc'h, Fr. 1999. *Jeunes issus de l'immigration de l'école à l'emploi.* Paris : CIEMI., L'Harmattan.

Barthon, C. 1999. *« Enfants d'immigrés au collège : intégration ou ségrégation scolaire ? ».* In Aubert, Fr., Tripier, M. & Vourc'h, Fr. (eds). pp. 93-106.

Bertucci, M.-M. 1997. *Contribution à une étude des dysfonctionnements linguistiques chez les élèves créoles de La Réunion.* Villeneuve d'Ascq : ANRT.

Bertucci, M.-M. 2001. « L'approche du genre et du nombre par des élèves créoles de La Réunion. Approche linguistique et perspectives didactiques ». In *Revue française de linguistique appliquée.* Dossier *Troubles langagiers.* Amsterdam : De Werelt. Vol.VI-I. pp. 75-88.

Bertucci, M.-M. 2003. « Enseigner aujourd'hui : le discours de la crise ». In *Le français aujourd'hui.* 142. Paris : AFEF. pp. 99-104.

Bertucci, M.-M. & Corblin, C. 2004. *Quel français à l'école ? Les programmes de français face à la diversité linguistique.* Paris : L'Harmattan. (coll. Savoir et formation).

Bertucci, M.-M. 2005 « Le plurilinguisme en milieu scolaire ordinaire ou le signe d'une mobilité insoupçonnée par l'institution ». In Van Den Avenne, C. (eds). *Mobilités et contacts de langues.* Paris : L'Harmattan. (coll. Espaces discursifs). pp. 277-289.

Bertucci, M.-M. & Houdart-Merot, V. 2006. *Situations de banlieues : enseignement, langues, cultures*. Lyon : INRP.

Bertucci, M.-M. 2007a. « L'enseignement des langues et cultures d'origine : incertitude des statuts et ambiguïté des missions ». In Bertucci, M.-M. & Corblin, C. (eds). *Enseigner les langues d'origine. Le français aujourd'hui*. 158. Paris : Armand Colin / AFEF. pp. 29-39.

Bertucci, M.-M. 2007b. « Le plurilinguisme des élèves en milieu scolaire ordinaire : une réalité ignorée ». In *L'écho de ma langue. Enjeux sociaux et culturels de la diversité des langues*. Zongo, B. (eds). Lille : Préfecture du Nord, ACSE Nord Pas de Calais, DRAC Nord Pas de Calais, Tam Tam 59. pp. 125-133.

Biloa, E. 2003. « Le français camerounais : qu'est-ce que c'est ? Essai de définition socio-historico-linguistique ». In *Quel français parlons-nous ? Langues et communication*. 3. Université de Yaoundé.

Boyzon-Fradet, D. 1997. « Les élèves issus de l'immigration et la langue scolaire ». In Boyzon-Fradet, D. & Chiss, J.-L. Op. cit. pp. 93-108.

Boyzon-Fradet, D. & Chiss, J.-L. 1997. *Enseigner le français en classe hétérogène : école et immigration*. Paris : Nathan.

Candelier, M. 2003. *L'éveil aux langues à l'école primaire : Evlang : bilan d'une innovation européenne*. Bruxelles : De Boeck.

Carayol, M., Armand, A. & al. (eds). 1984. *Particularités lexicales du français réunionnais : propositions pédagogiques*. Paris : Nathan.

Chiss, J.-L. 1997. « Eléments de problématisation pour l'enseignement / apprentissage du français aux élèves « non francophones ». In Boyzon-Fradet, D. & Chiss, J.-L. Op. cit. pp. 55-76.

Coste, D. 2006. « Pluralité des langues, diversité des contextes : quels enjeux pour le français ? ». In Castellotti, V. & Chalabi, H. (eds.). *Le français langue étrangère et seconde.*

Des paysages didactiques en contexte. Paris : L'Harmattan. pp. 11-25.

Crépon, M. 2001. *« Ce qu'on demande aux langues (autour du Monolinguisme de l'autre). ».* In *Raisons politiques. La République des langues.* Paris : Presses de Sciences Po. pp. 27-40.

Cuq, J.-P. (eds). 2006. *Dictionnaire de didactique du français langue étrangère et seconde.* Paris : CLE International.

Deprez, C. 2000. « Pour une conception plus circulante des langues mises en jeu dans la migration ». In Calvet, L.-J & Moussirou-Mouyama, A. *Le plurilinguisme urbain.* Paris : Didier érudition. pp. 55-67.

Dubet, F. & Lapeyronie, D. 1992. *Les quartiers d'exil.* Paris : Fayard.

Fioux, P. 2001. *Des langues de la maison aux langues de l'école en milieu plurilingue.* Paris : Karthala-Université de La Réunion.

Gohard-Radenkovic, A., Mujawamariya, D. & Perez, S. 2002. *Intégration des « minorités » et nouveaux espaces interculturels.* Bern : Peter Lang.

Klinkenberg, J.-M. 2001. *La langue et le citoyen : pour une autre politique de la langue française.* Paris : PUF.

Lafage, S. 2003. Le *lexique français de Côte d'Ivoire appropriation & créativité.* In *Le français en Afrique.* 17. Nice : ILF-CNRS UMR 6039. Vol. 2.

Lahire, B. 1993. *Culture écrite et inégalités scolaires. Sociologie de l'« échec scolaire » à l'école primaire.* Lyon : PUL.

Laparra, M. 1997. « Quels apprentissages pour ces élèves qui semblent étrangers au français ? ». In Boyzon-Fradet, D. & Chiss, J.-L. Op. cit. pp. 77-92.

Leconte, F. 1998. *La famille et les langues : une étude sociolinguistique de la deuxième génération de l'immigration africaine dans l'agglomération rouennaise.* Paris : L'Harmattan.

Manesse, D. 2003. *Le français en classes difficiles : le collège entre langue et discours*. Paris : INRP.

Manesse, D. 2006. « La maîtrise des discours, un objectif réaliste pour les classes « difficiles » ? ». In Bertucci, M.-M . & Houdart-Merot, V. Op. cit. pp. 221-230.

Moirand, S., Porquier, R. 1997. *Apprentissage et enseignement de la grammaire d'une langue non maternelle*. In *Etudes de linguistique appliquée*. 25. Paris : Didier érudition.

Moro, M.-R. 1998. *Psychothérapie transculturelle des enfants de migrants*. Paris : Dunod.

Murat, F. 2004. « Les difficultés des adultes face à l'écrit ». In *INSEE PREMIERE*. 959. Paris : INSEE. www.insee.fr (Pdf : pp. 1-4).

Rey-Debove, J. et Rey, A. 2006. *Le Petit Robert de la langue française 2006*. Paris : dictionnaires Le Robert.

Programmes. Textes législatifs et administratifs

Code de l'Education. Partie législative. 2000. Paris : Les éditions des Journaux officiels.

Français, programmes et accompagnement. 1999. (1ère éd. 1996) Paris : CNDP.

Le français langue seconde. 2000. Viala, A., Bertrand, D., Vigner, G. (coord.). Paris : CNDP.

Note d'évaluation du Ministère de l'Education nationale. 2004. *Zone d'éducation prioritaire. « Les réponses des élèves à l'évaluation de septembre 2003 »*. www.education.gouv.fr/edutel/noteeval/eva0405.pdf

Qu'apprend-on à l'école élémentaire ? Les nouveaux programmes. 2002. Poitiers : CNDP/XO.

Sites

www.education.gouv.fr

www.insee.fr

www.jaling

FORMER LES ENSEIGNANTS A UNE APPROCHE REFLEXIVE DES PLURILINGUISMES SOCIAUX

Muriel Molinié[52]

Université de Cergy-Pontoise
EA 1392 CRTF, pôle LaSCoD
F-95 000 Cergy-Pontoise

C'est en se tournant vers les usages plurilingues « ordinaires » et en décodant leurs fonctionnements qu'il a été possible, progressivement, de construire les fondements d'une didactique du plurilinguisme s'appuyant sur une sociolinguistique de la pluralité et de la complexité.

Castellotti & Moore, 2007 : 234

Nombreux sont les didacticiens aujourd'hui convaincus de la nécessité qu'il y a à développer la capacité des enseignants de langues/cultures à prendre appui sur la diversité des élèves afin de développer les compétences linguistiques et culturelles de ces derniers. Nous ressentons, d'autant plus cette nécessité que notre environnement est de plus en plus paradoxal. Produite par une histoire longue, notre société présente une grande

[52] muriel.molinie@u-cergy.fr

diversité culturelle, dans un contexte global de développement des contacts internationaux. Pour autant, la diversité française ne se traduit pas par un développement de richesse (sociale, culturelle) pour ceux qui en sont les porteurs. Ceux-ci se trouvent plutôt confrontés à une série d'inégalités sociales et éducatives. Donc, d'un côté, « nous sommes tous plurilingues, ne serait-ce que dans notre « unique » langue, dans la mesure où nous disposons d'un répertoire de variantes qui ressemble furieusement à un répertoire plurilingue » (Py, 2007 : 16). Par ailleurs, le plurilinguisme se développe « dans un monde où règne la variation (et où) les différentes langues d'une personne plurilingue ne sont pas des entités définies une fois pour toutes et fermées sur elles-mêmes » (Id.). Et pourtant, paradoxalement, la diversité interne à la société française bénéficie encore peu à ceux qui en sont les premiers héritiers : élèves scolarisés et étudiants en formation, dont l'existence, les pratiques sociales et le bagage linguistique se sont construits dans- et grâce à- ces contacts.

Nous ne sommes pas les seuls, en France, à nous confronter à de tels paradoxes.

C'est la raison pour laquelle la politique éducative du Conseil de l'Europe, favorise des projets de recherche et développement[53] dont l'objectif est de valoriser le

[53]Ainsi, de 2004 à 2007, le deuxième programme à moyen terme du Centre européen des langues vivantes (CELV) du Conseil de l'Europe s'intitulait *Les langues pour la cohésion sociale : l'éducation aux langues dans une Europe multilingue et multiculturelle*. L'objectif de ce projet de recherche-développement était de mettre en valeur le rôle que peut jouer l'éducation aux langues dans l'amélioration de l'intercompréhension et du respect mutuel entre citoyens en Europe. Notre contribution à l'élaboration d'un référentiel de compétences plurilingues/pluriculturelles publié par le CELV, sous la direction de Candelier (2007), allait dans ce sens. L'équipe poursuit désormais le travail avec un nouvel objectif : former les enseignants à utiliser la

plurilinguisme des Européens et de fonder une citoyenneté intégrative. Au premier rang pour conduire ces processus de valorisation se trouvent les enseignants.

Que constate-t-on en France ? Les enseignants n'y sont pas encore suffisamment formés pour penser leur enseignement en relation avec la diversité sociale, linguistique et culturelle de leurs élèves et pour faire de cette diversité un vecteur d'apprentissage scolaire. Pourtant, la capacité à utiliser la diversité comme levier de réussite paraît d'autant plus importante *qu'a contrario*, un lien existe entre d'une part, la faible prise en compte de la variation socioculturelle et sociolinguistique de certains élèves dans leur cursus scolaire formel et, d'autre part, leur non-réussite scolaire. La question à laquelle cet article tentera de répondre est donc la suivante : comment former des praticiens réflexifs capables de prendre en compte leur propre plurilinguisme/pluriculturalisme et, par conséquent, celui de leurs élèves, de façon à en faire une ressource et un vecteur de réussite pour eux et pour ces derniers ?

Prendre en compte la variation culturelle et linguistique des élèves à l'école : représentations et difficultés

En 1997, Varro et Mazurkiewicz publiaient une étude qualitative intitulée *Les non-francophones, leurs cultures et la culture scolaire,* dans laquelle elles interrogeaient les pratiques et les discours des enseignants d'une école élémentaire publique, située en Île-de-France.

---

variation linguistique et la diversité culturelle dans leurs classes, dans le cadre de leur enseignement de langues.

Un bilinguisme à deux vitesses

Au fil de leur étude, elles se demandaient :

1- *Pourquoi le bilinguisme des enfants de migrants n'est pas explicitement reconnu en tant que tel et ne fait pas partie des atouts à mettre à leur actif ?*
2- *D'où vient la propension à stigmatiser le mélange des langues en qualifiant le parler de l'enfant bilingue de « petit charabia » ? (Varro & Mazurkiewicz, 1997 : 205).*

Dès 1993, Moore expliquait que « contrairement à l'opinion généralement admise, les bilingues ne développent que rarement des compétences équivalentes dans leurs différentes langues » (1993 : 107). Par conséquent, « le bilinguisme généré par les situations de contacts de groupes et de langues entraîne la mise en place chez les individus de compétences différentes dans chacun des codes en présence, en fonction des besoins de communication et des domaines » (Id.). C'est ainsi que le plurilinguisme le plus courant, lié à des situations de migration, est un plurilinguisme que l'on décrit comme « déséquilibré » c'est-à-dire :

> *Où les compétences dans chacun des codes ne devraient pas être comparées à l'expertise d'un natif monolingue dans chacune des langues. Pourtant les difficultés d'adaptation, le décalage, voire la rupture linguistique entre la langue de l'école et celle des sujets, sont des facteurs d'inquiétude qui ont longtemps justifié le déni pur et simple des langues de l'enfant dans l'espace scolaire (Moore, id. : 107).*

Or, on sait[54] combien les migrants en situation de réussite sociale et économique, loin d'avoir abandonné leur propre langue, misent sur l'école (privée ou publique), pour maintenir leur biplurilinguisme voire, amplifier leur répertoire plurilingue. Le facteur décisif reste celui de l'enseignement scolaire de la langue orale et écrite, au collège puis au lycée. Cet enseignement favorise le passage d'un modèle de langue familiale populaire, essentiellement orale, à une version plus académique, la transformant en capital culturel valorisable sur le marché de l'emploi (Molinié, 2005 : 110). Ceci montre combien il est important de reconnaître ce biplurilinguisme « déséquilibré » comme substrat à partir duquel peuvent s'élaborer des compétences plurilingues reconnues et non comme un handicap ou un obstacle, empêchant cette élaboration.

Dans le champ de la production scientifique se reproduisent également des représentations qui contribuent, elles aussi, à cloisonner les monolinguismes individuels et sociaux. Dans un article paru en 2007, Castellotti et Moore soulignent la responsabilité de la linguistique contemporaine qui s'est construite, au moins jusqu'à la seconde moitié du XXe siècle, sur la base d'une idéologie fondamentalement monolingue, faisant peu à peu émerger l'idée selon laquelle la rencontre entre deux langues s'effectuait entre deux entités clairement identifiées (Castellotti & Moore, 2007 : 228). Une distinction dont Dabène avait déjà repéré les effets sur la didactique lorsqu'elle indiquait que « l'édifice théorique de la didactique des langues s'est fondamentalement articulé autour du paradigme de la *double unicité* »

---

[54] Grâce notamment à l'enquête sur la transmission familiale des langues (dite EHF : Enquête Histoire Familiale), menée par l'Ined-Insee, associée au recensement de 1999.

(1990 :14). Cette représentation de deux monolinguismes juxtaposés contribue à faire du bilingue un double monolingue. Ce clivage a vraisemblablement contribué à justifier la position contradictoire de l'école au sujet du biplurilinguisme. En effet, d'une part, est mis en place un enseignement « précoce » de langue étrangère avec un objectif de bilinguisme scolaire, c'est-à-dire de double monolinguisme. Mais, d'autre part, le bilinguisme déjà présent dans une partie de la population scolaire est jugé inadapté au cadre scolaire, voire handicapant.

Une analyse politique de ces phénomènes est proposée par Calvet (1999 : 261-262), qui dénonce le fait que, bien qu'inspirée par le jacobinisme démocratique et une conscience sociale inspirée des Lumières, la politique linguistique en France s'apparente à des modèles assez éloignés des valeurs démocratiques. S'inspirant de Calvet, Benrabah propose quatre éléments pour caractériser cette dérive politique : un purisme xénophobe au niveau de la langue nationale qui s'illustre dans des tentatives d'éradication des éléments « étrangers » ; un centralisme linguistico-culturel dirigé contre les variétés non institutionnelles ; un centralisme nationaliste dirigé contre les minorités ethno-linguistiques nationales ; un colonialisme ou expansionnisme linguistique qui vise les communautés hors frontières de l'hexagone (2007 : 59).

Cette énumération apporte un nouvel éclairage sur les raisons qui ont pu jouer dans la construction d'un autre déni scolaire, celui du déni « des » cultures (vues ici comme ensemble de pratiques, de valeurs et de rituels co-construits au sein des interactions sociales), qu'apportent avec eux les migrants et leurs descendants au sein de l'école : lieu de transmission de « la » culture au sens érudit du terme dans cette seconde acception.

Le déni des cultures non scolaires

Varro remarque que les méthodes faisant appel aux langues ou cultures des élèves n'étaient pas mises en œuvre dans l'école qu'elle a étudiée (Op.cit.). Ainsi dans sa classe d'initiation, l'enseignante interviewée avait bien fléché sur une mappemonde les pays d'origine de ses élèves mais dans le seul but de leur donner une image plus nette de leur itinéraire jusqu'à la France. Ce fléchage ne visait ni à leur permettre d'élaborer des savoirs sur les pays dont ils étaient originaires, ni à transmettre aux autres ces savoirs. Interrogée sur ce point, l'enseignante explique qu'elle :

> *conserve toujours ces références parce que, déjà, il faut qu'ils sachent d'où ils viennent, parce que y en a qui savent pas d'où ils viennent, qui savent pas que suivant le pays d'où on vient, on a traversé des mers ou des océans.*

Varro lui demande donc :

> *Mais alors quand tu fais histoire et géographie par exemple, est-ce que tu prends appui sur les enfants qui sont là ?*

L'enseignante répond :

> *Non, non quand je fais histoire et géo, je fais le programme de la classe dans laquelle je me trouve (Varro & Mazurkiewicz, op.cit. : 205).*

La réalité multiculturelle de la classe reste ici, une simple toile de fond qui n'affecte pas la mise en scène des savoirs scolaires et les contenus transmis. Celle-ci ne s'appuie pas sur les savoirs construits dans l'expérience et dans l'existence migratoire, par ses élèves. Le caractère multiculturel de sa classe ne modifie pas son enseignement, comme le préconise d'ailleurs les textes officiels de 1986[55].

On peut penser que cette difficulté d'adaptation de l'école aux populations étrangères cache une difficulté plus profonde. Ce qui fragilise notre système éducatif, c'est sa difficulté à s'adapter à tous ceux dont les cultures familiales et sociales sont exclues de la culture scolaire. Comme si les principes fondateurs de l'école pour tous, égalitaire et républicaine (avec une forme d'opposition entre espace public et privé et une valorisation du général au détriment du cas particulier), empêchaient de prendre en compte la singularité des conditions. L'enjeu serait donc de déconstruire et reconstruire différemment ces oppositions, afin que la prise en compte des diversités et des singularités sociolinguistiques et culturelles ne desserve pas le but d'apprendre et de co-construire des savoirs universels, dans l'école de demain.

Faire de l'expérience scolaire une expérience de développement symbolique et social

Les enquêtes menées par l'équipe EScol (Charlot, Bautier & Rochex, 2000 : 132) sur le rapport au savoir

---

[55] *Les nouveaux programmes des écoles et collèges [...] comportent un objectif d'ouverture sur d'autres cultures, nécessaire dans un monde où tout se passe de plus en plus à l'échelle internationale. La présence des enfants étrangers dans les classes constitue de ce point de vue une chance pour la France moderne. Cependant, ces élèves ne constituent ni le seul bénéficiaire de cette ouverture, ni son seul support ; l'application des nouveaux programmes est indépendante du seul nombre d'enfants étrangers dans les classes et de leur nationalité (Saladin & al., 1993 : 29).*

chez les jeunes issus des milieux et des quartiers populaires, font apparaître le point suivant : la réussite scolaire est liée à la possibilité qu'a l'élève de transformer son expérience scolaire en une expérience de développement symbolique et social. Ceci signifie trois choses. Premièrement, l'expérience scolaire doit être reconnue et assumée par l'élève comme expérience de développement cognitif comportant des exigences spécifiques : cela demande un véritable travail de sa part, un travail par lequel il se produit et se transforme.

Deuxièmement, la possibilité de valoriser à l'école, la langue, l'histoire, la culture dont il est porteur permet à l'élève de s'ouvrir à d'autres histoires et à d'autres cultures, de s'acculturer à d'autres codes linguistiques et culturels. Troisièmement, seule une dialectique du même et de l'autre, permet le déplacement dans le champ des positions sociales et des identifications. Ces déplacements sont requis pour « réussir » à l'école, c'est-à-dire pour s'approprier l'habitus scolaire que l'on appelle aussi le métier d'élève.

Sous la question du plurilinguisme, apparaissent donc des problèmes socioéducatifs fondamentaux. Il convient d'en prendre la mesure, en décrivant les plurilinguismes sociaux pour mieux comprendre leur impact sur la construction identitaire de l'élève et, notamment sur la construction de son rapport au savoir.

Prendre en compte le plurilinguisme des élèves, ce n'est pas seulement prendre en compte leurs compétences langagières

Décrire les plurilinguismes contribue à prendre en compte les dimensions sociales et identitaires dans lesquelles les compétences langagières des élèves sont profondément ancrées. C'est ce que mettent en lumière les travaux menés par Billiez et les chercheurs grenoblois du LIDILEM qui, étudiant les pratiques langagières des descendants de migrants, soulignent trois éléments : la variété des usages et des fonctions que les langues remplissent au sein des familles ; leur valeur d'investissement symbolique ; l'importance des jeux de langue, comme lieu d'affirmation de l'identité.

Ces travaux montrent qu'il existe une relative indépendance entre le sentiment que le sujet éprouve à propos d'une langue et la maîtrise linguistique qu'il a de cette langue ou de ce niveau de langue. C'est ce qu'expriment dès 1985, les adolescents algériens grenoblois interviewés, disant que le français est la langue qu'ils maîtrisent le mieux, mais que c'est l'arabe qu'ils considèrent comme leur langue. L'un d'entre eux déclare : « ma langue c'est l'arabe, mais je la parle pas… » (Billiez, 1985, citée par Castellotti & Moore, 2007 : 228). Ceci montre que « le fait de se déclarer monolingue (en français) n'empêche pas le sujet d'attribuer à la langue d'origine une valeur centrale dans (son) système d'identification » (Id.). Ces analyses convergent vers trois grands principes, susceptibles de guider une action éducative, permettant de construire des savoirs plurilingues/pluriculturels à l'école.

Quelques principes susceptibles de guider une action éducative

Déconstruire les cloisonnements posés entre les langues et entre les variations de langues

Le premier principe tenant compte des liens entre construction d'une identité (ou d'un habitus) d'élève et construction d'identités plurilingues/pluriculturelles, consiste à déconstruire les cloisonnements scolaires posés entre les langues et entre les variations de langues. Il s'avère en effet beaucoup plus juste de considérer les langues de l'individu comme un continuum sur lequel il se positionne comme biplurilingue en mouvement et en devenir.

Un continuum interne et externe, qu'illustre bien ce passage, extrait d'un article du linguiste franco-burkinabé, Somé :

> *Suite à la mutation de nos parents à Koudougou, une quatrième langue allait faire son entrée, non pas dans ce plurilinguisme familial mais dans nos répertoires linguistiques individuels, de manière non homogène. Il s'agit du mooré, le vernaculaire et le véhiculaire de cette ville du centre-ouest du Burkina. Je me rappelle le souci de nos parents de protéger alors mes plus jeunes frères et sœurs d'un envahissement de la nouvelle langue. La pression linguistique en sa faveur était trop forte et risquait de conduire à une réduction de leur plurilinguisme. Dans la mesure où hors de la maison, ils avaient la possibilité d'apprendre à s'exprimer couramment en mooré, nos parents incitaient les plus jeunes d'entre nous à nourrir en famille leur plurilinguisme de base. On pourrait y voir une forme de politique linguistique à l'échelle familiale pour un multilinguisme équilibré (2006 : 113).*

Adopter comme Somé, la vision d'un continuum entre les langues et les variétés de langues, signifie que l'on accepte le caractère intrinsèquement déséquilibré des compétences développées par l'individu biplurilingue et que l'on considère ces déséquilibres comme indiquant les contours variables d'une identité linguistique et culturelle évolutive. On considère alors la compétence de communication comme incluant la capacité à faire varier son répertoire langagier « le long d'un continuum qui s'étend des usages monolingues dans chacune des langues en contact, en passant par toutes les étapes intermédiaires de « panachages » des langues des répertoires langagiers des locuteurs (Castellotti & Moore, 2007 : 231).

Ceci signifie, en outre, que l'on reconnaît la place et le rôle des contextes socio-historiques et des brassages de population sur la construction de ces répertoires langagiers en interaction. Comme le déclare en conclusion Somé, déjà cité :

> *La présentation de deux formes de multilinguisme, celle de ma sœur cadette et la mienne a été faite dans la perspective d'une approche en termes de continuum externe et interne. Ces itinéraires multilingues pourraient être ceux de milliers de Burkinabès dans un contexte de scolarisation croissante, de brassage des populations et d'urbanisation poussée, caractéristique du Burkina Faso, pays profondément plurilingue et francophone, par la force des choses » (Op.cit. : 121).*

La compétence plurilingue comme capacité à gérer ce répertoire dans ses dynamiques identitaires, plurielles et évolutives

Le second principe consiste à concevoir la compétence plurilingue comme capacité du sujet à gérer son répertoire dans ses dynamiques identitaires, plurielles et évolutives. Les langues et les variétés de langue du répertoire constituent un capital de ressources que le sujet reconfigure, en fonction des situations d'interaction qu'il vit dans l'espace et dans le temps. Son répertoire langagier est vu comme pluriel et dynamique, et par conséquent, la manière d'utiliser ses ressources dessine son identité singulière de biplurilingue et d'apprenant.

Les représentations sociales des langues ont des effets sur les pratiques linguistiques et sur les dynamiques d'apprentissage des élèves

Le troisième principe consiste à admettre que les représentations sociales des langues ont des effets sur les pratiques linguistiques et sur les dynamiques d'apprentissage des élèves. En fait, représentations et usages ne peuvent être dissociés. C'est ainsi que certains locuteurs nient des pratiques linguistiques non légitimées par le savoir scolaire et refusent leur biplurilinguisme parce qu'il a été construit en dehors de tout cursus scolaire, voire, aux marges de toute langue légitimée ou dominante (Bretegnier, 2008). A l'inverse, on considère ici que les contacts de langues et les formes d'alternances constituent des ressources, dont on peut exploiter le potentiel d'apprentissage en groupe.

Sur le plan de l'organisation didactique des apprentissages, ces trois orientations impliquent la prise en compte et la valorisation des circulations interlinguistiques, un travail sur les articulations entre les apprentissages scolaires et extra-scolaires dans une conception élargie du « curriculum », une perspective intégrée des apprentissages et un décloisonnement entre les disciplines (scolaires et scientifiques).

Construire des liens entre plurilinguisme et éducation

Après avoir rappelé que les variations sont constitutives de l'identité sociale, biplurilingue de la personne, nous en avons déduit que leur prise en compte à l'école pouvait contribuer à l'intégration et à la réussite scolaires des jeunes porteurs de langues et de cultures d'immigration, via la réduction de l'écart entre langues véhiculaires et langue scolaire et la facilitation des passages entre langues, au sein d'un répertoire composite.

Ce propos trouve des traductions dans les politiques éducatives menées, notamment depuis 2002, par le Conseil de l'Europe dans le domaine de la didactique des langues. Rappelons que la mission de cette institution non gouvernementale est de susciter la prise de conscience d'une identité culturelle européenne et de développer la compréhension mutuelle entre des peuples de cultures différentes. Les experts dans le domaine des langues ont élaboré un cadre européen commun de référence pour les langues et, pour mettre en œuvre ce cadre et surtout ce référentiel dans les établissements scolaires, les enseignants de langue vivante sont invités à (faire) réaliser (à) avec leurs apprenants un *Portfolio européen des langues* « fait pour encourager et faire reconnaître l'apprentissage des langues et les expériences interculturelles de toutes sortes »[56]. Parmi les objectifs poursuivis par cette politique éducative, deux peuvent ici être retenus. Il s'agit tout d'abord de valoriser la pluralité des parcours linguistiques et culturels des élèves (allophones et francophones), que ceux-ci aient acquis leur(s) langue(s) en contexte guidé ou non-guidé. Il s'agit également de permettre aux élèves de comprendre la diversité linguistique et culturelle qui les entoure et d'encourager leur ouverture à l'altérité.

Ces deux objectifs font écho aux propos tenus en 2002, en France, par Gaudemar, lors des Journées de l'Unesco[57].

---

[56] *Portfolio européen des langues*, Conseil de l'Europe, CRDP Basse Normandie-Didier Scéren, 2006, p. 1.

[57] Gaudemar, J.-P. de, *Exposé de Clôture de la Journée de réflexion sur FLE et FLS en France et à l'étranger*, Maison de l'Unesco, 15 mars 2002, document non publié.

Pour le Recteur de l'académie d'Aix-Marseille, il importe désormais :

> *de faire bénéficier notre propre système scolaire des cultures que les élèves emmènent avec eux. La présence des élèves étrangers doit en effet être considérée comme une grande richesse pour nos établissements, et non comme un handicap. C'est pourquoi notre travail d'intégration, facilité par le français langue seconde (FLS), est aussi un travail d'enrichissement de l'enseignement français même (Gaudemar, 2002).*

Dans un contexte historique où le plurilinguisme est proposé comme valeur et comme projet par les politiques linguistiques et éducatives, tant aux niveaux national que supranational, il semble donc opportun de poser les jalons d'une didactique de la pluralité, de créer des méthodes et des démarches non seulement pour « gérer » la diversité mais pour en faire un atout d'apprentissage, un objectif éducatif et le socle de toute formation d'enseignant.

« Faire bénéficier notre propre système scolaire des cultures que les élèves emmènent avec eux »[58]

Une recherche-action

Que son activité s'exerce en français langue maternelle, étrangère, seconde ou encore en français langue d'insertion (Bretegnier, op.cit.), les apprenants auxquels s'adresse l'enseignant de français sont caractérisés par une diversité culturelle et sociologique, diversité trop souvent

[58] Id.

synonyme d'inégalité. Cette diversité - et cette inégalité- caractérisent aussi bon nombre d'étudiants que nous formons dans nos universités et que nous conduisons en licence et en master, vers la profession d'enseignant.

Ces élèves et ces futurs enseignants ont face à la langue française et à leur nécessaire acculturation à celle-ci, un point commun : ils se trouvent face au défi de « dire, en français, une identité autre qu'hexagonale » et de négocier dans le monolinguisme de la langue à enseigner ou à apprendre leur « bilinguisme réel », pour paraphraser Chaulet Achour caractérisant les écrivains des francophonies (2006 : 27). C'est pour cette raison que, depuis sa création en 2002, nous donnons une place croissante, en spécialité FLE/S de licence de lettres et de langues, à l'observation et à l'analyse de deux formes de diversité : sociolinguistique et socioculturelle. Cette observation et cette analyse se construisent tant dans un cours de didactique des langues et du plurilinguisme que dans un cours d'anthropologie de la diversité culturelle. Nous avons montré dans des travaux antérieurs comment était né ce dernier (Molinié, 2006 et 2007). Nous avions en effet constaté en 2004, que les jeunes adultes avec qui nous travaillions dans le Val d'Oise n'étaient pas toujours tous en mesure de développer une représentation positive de leur propre identité « métisse », au moment même où était marchandisée la France « black, blanc, beur » dans les médias[59]. Projetant d'enseigner leur langue et leur culture, certains d'entre eux exprimaient une préoccupation : s'autoriser à être à la fois reliés à - et séparés de - leurs groupes d'appartenance. Leur identité professionnelle émergente d'enseignant de français faisait

[59] Notamment autour de la médiatisation de l'équipe de France de football.

naître en eux l'inquiétude d'être déloyal vis-à-vis de leur identité d'«origine», de ne pas être suffisamment représentatifs vis-à-vis des « Français », ou encore anxieux à l'idée de ne pas être à la hauteur des attentes de leurs futurs élèves. Un travail d'enquête ethnographique par entretiens socio-biographiques (Huver & Molinié, 2008), sur la diversité a permis de construire de nouvelles représentations de celle-ci, dans le contexte de la société française. Notre question de recherche en didactique devenait alors la suivante : ces nouvelles représentations allaient-elles permettre à ces étudiants en formation initiale, d'envisager leur compétence d'enseignant de français (et de langues vivantes) comme une capacité à utiliser la diversité linguistique et culturelle de leurs futurs élèves ? Une première hypothèse s'élaborait déjà. Le fait de placer la question de la diversité au cœur des contenus de formation pouvait devenir une voie permettant aux futurs enseignants d'élaborer un répertoire didactique intégrant les enjeux socioéducatifs du plurilinguisme et du pluriculturalisme.

A la suite de Cadet et de Causa, nous définissons le répertoire didactique comme un ensemble de savoirs et de savoir-faire pédagogiques, dont dispose l'enseignant pour transmettre la langue cible dans une situation d'enseignement/apprentissage donnée. Ce répertoire didactique se forge à partir de modèles intériorisés et à partir de modèles proposés durant la formation. Il se modifie tout au long de l'expérience enseignante. Il se situe à mi-chemin entre les modèles et la pratique de classe en temps réel, ces deux pôles interagissant constamment entre eux (Causa & Cadet, 2006 : 69).

Aujourd'hui, cette première hypothèse s'est enrichie. Nous pensons que, pour être en mesure de développer un répertoire didactique intégrant la diversité linguistique et culturelle de ses élèves comme composante de son enseignement, l'enseignant novice doit, au préalable, avoir appris à connaître et à reconnaître par lui-même et entre pairs, la variation linguistique et la pluralité culturelle constitutive de son identité sociale, de celle de ses pairs et de notre société. Cette triple (re)connaissance lui permet de construire des ressources professionnelles sur lesquelles prendre appui afin de co-développer la compétence plurilingue-pluriculturelle de ses élèves[60]. Pour travailler cette hypothèse, nous avons conçu et publié en 2006 un *Portfolio de l'enseignant-chercheur*. Après une étape d'expérimentation[61] suivie d'une refonte partielle, ce portfolio a été proposé au cours du l'année 2007-2008, en spécialité FLE de Licence. Il a fait l'objet d'une co-élaboration réflexive et critique au sein du groupe, et entre le groupe et l'intervenante. L'analyse des vingt exemplaires du *Portfolio du futur enseignant, en formation dans le domaine de la didactique des langues et du plurilinguisme,* rédigés en 2007, 2008 et 2009 est en cours.

Mais auparavant, il convient d'expliciter les liens entre la démarche réflexive, telle que nous la concevons à travers ce portfolio, et la formation de (jeunes) adultes.

---

[60] Cette compétence désigne la capacité « à communiquer langagièrement et à interagir culturellement possédée par un locuteur qui maîtrise, à des degrés divers, plusieurs langues et a, à des degrés divers, l'expérience de plusieurs cultures tout en étant à même de gérer l'ensemble de ce capital langagier et culturel » (Coste, Moore & Zarate, 1997).

[61] Ce *Portfolio de l'enseignant-chercheur* (Molinié, 2006) a été traduit en japonais et en coréen par Pungier et Cha. Il a été expérimenté au cours d'un séminaire de formation, auprès d'une quinzaine d'enseignants de langues (coréen, français, chinois), réunis par ces chercheurs à l'Université Préfectorale d'Osaka, en juin 2006.

Construire la diversité en objet de savoir et en ressource pour apprendre : une nécessaire co-construction

Dans un contexte marqué par l'élargissement de l'Europe et l'internationalisation de la vie éducative, l'enseignant de langues gère un petit espace communicationnel (la classe de langue), ouvert sur un vaste territoire : le monde. Il est confronté à une question difficile : comment mettre en relation l'un (l'enseignement d'une langue), l'hétérogène : ses élèves plurilingues, et le multiple : un environnement multilingue ?

De notre point de vue, la seule prise en compte du plurilinguisme de l'élève ne suffit pas. Il convient désormais d'articuler les plurilinguismes (individuels) avec un multilinguisme qui se présente à trois niveaux : le niveau local (pensons aux 77 langues parlées en France selon la Délégation[62] Générale à la Langue Française et aux Langues de France), le niveau régional (pensons au multilinguisme européen) et le niveau mondial.

A chacun de ces niveaux correspondent des demandes sociales souvent perçues par l'enseignant comme dissonantes : depuis celles des parents (qui ont tendance à privilégier l'apprentissage de l'anglais pour leurs enfants), à celles de l'entreprise mondialisée, en passant par les demandes des Etats, celles des politiques européennes et celles des politiques francophones.

Une seule méthode de langue permet-elle d'articuler entre elles l'ensemble de ces attentes ? Nous ne le pensons pas. C'est pourquoi il convient de développer des dispositifs de formation qui permettent à l'enseignant d'élaborer des réponses appropriées, dans un cadre conçu pour mettre en réflexion (et en miroir), la classe et la

---

[62] DGLFLF.

complexité de la société dans laquelle les élèves doivent construire leur place.

C'est bien cette mise en correspondance entre singularités et universalité qui structure et fonde les démarches réflexives, sociohistoriques et autobiographiques développées depuis quelques années dans le champ de l'éducation au plurilinguisme et qui trouvent aujourd'hui, certaines formes de concrétisation dans les démarches portfolio, s'inspirant d'approches constructivistes en éducation (Molinié, 2009).

Apprendre devient, dans cette optique, situer les processus de formation linguistique et culturelle i) dans une *temporalité* qui articule passé, présent et avenir ; ii) dans un *espace*, dans lequel s'agencent vie locale, régionale et internationale ; iii) dans une *histoire*, dans laquelle s'emboîtent histoire familiale, parcours éducatif et trajectoire professionnelle. Il s'agit de permettre à l'apprenant (y compris en formation professionnalisante) de rassembler en un tout global et dynamique ses diverses langues (et variétés de langues) et cultures entre elles plutôt que d'en abandonner une au passage. Le postulat ici est le suivant : il est possible d'articuler les nouveaux savoirs avec certains des acquis culturels et symboliques déjà construits dans l'existence. Plutôt que d'être dissociée du développement identitaire de l'élève, l'acquisition d'une nouvelle langue contribue alors à la construction de celui-ci. A condition qu'il puisse se remémorer et auto-évaluer ses apprentissages passés, créer et garder une trace de ses apprentissages actuels, afin de se projeter dans des apprentissages à venir.

Créer un lien historique et vivant entre l'individu et ses langues

L'enseignement des langues a été marqué durablement par les courants structuralistes et behavioristes qui ont eu tendance à dissocier l'objet de l'étude, des sujets qui le parlent. Or, qu'y a-t-il de plus intersubjectif, socialisé et socialisant que les langues ? Il s'agit donc de mettre en œuvre des pratiques qui donnent l'occasion aux apprenants de parler des langues de leur vie et leur offrent la possibilité de transférer d'une langue à une autre des pratiques psycho-socio-langagières telles que penser, raconter, réfléchir ou encore, dessiner et commenter leurs « dessins réflexifs » (Molinié, 2009). En effet, relier apprentissage des langues et historicité de l'apprenant contribue à établir un lien vivant entre son développement identitaire et la diversité du monde dans lequel il évolue.

Parler des langues et des variétés de langues (qu'il connaît, acquiert ou maîtrise) lui permet de dire la pluralité des liens socioculturels qu'il a tissés et qu'il tissera dans le temps (en synchronie et en diachronie) et dans l'espace (ici *et* ailleurs / *entre* ici *et* ailleurs). Car toute langue et toute variété de langue donne instantanément aux interlocuteurs des indications diatopiques : au sujet des régions, des territoires, des départements et des pays où l'on a vécu ; diachroniques : sur la génération à laquelle on appartient, et donc sociologiques, sur les groupes sociaux que chacun de nous fréquente et aspire à fréquenter. C'est donc donner à entendre quelque chose sur la vie dans sa pluralité, dans sa (non)conformité, dans ses aspects plus ou moins éloignés des « standards ».

Parler (de) ses langues, c'est dire tout ce que l'on a mis en œuvre pour se conformer à un groupe, pour s'adapter à lui et pour en intérioriser les normes linguistiques.

S'établit ainsi un lien vivant entre langue et culture, parce qu'ouvert sur nos variations identitaires, nos désirs et notre expérience de la pluralité.

Conclusion : espace éducatif et élaboration de la diversité

Les pratiques socio-biographiques et réflexives en éducation établissent des liens entre transmission des savoirs, construction du sens et conscientisation de l'expérience. En ce début de XXIe siècle, l'élaboration de ces relations est l'un des enjeux auxquels les politiques éducatives que nous mettons en œuvre se confrontent (Molinié & Marshall, 2009). En effet, les tragédies politiques et les ethnocides du XXe siècle ont montré que le sens ne pouvait plus être déposé en extériorité ou encore dans une transcendance par rapport au sujet : Dieu, les grandes idéologies, les grands récits, le Savoir, la Raison, la Civilisation, le Progrès scientifique. La question du sens est plus que jamais liée à la capacité qu'a le sujet d'élaborer celui-ci, à partir de ses expériences situées du monde et dans diverses langues. Parmi les ressources que possèdent les apprenants pour conduire ensemble cette élaboration, nous avons montré comment développer trois d'entre elles :

- leurs capacités à relater leurs expériences et leurs pratiques sociales en les mettant en perspective dans leurs histoires individuelles, elles-mêmes enchâssées dans l'histoire collective,
- leurs capacités à reprendre cette narration pour en tirer évaluations, bilans et projets,

- leurs capacités à articuler ce travail narratif-réflexif avec les actions qu'ils mènent sur leur environnement, sur eux-mêmes, avec les autres.

Cette création de relation et de cohérence produit des changements en éducation. Ainsi, le paradigme de la transmission verticale des savoirs se double peu à peu de processus de co-construction des savoirs.

Dès lors, l'espace éducatif devient un espace intermédiaire d'élaboration polyphonique et interactionnelle du sens. Cette élaboration s'effectue sur deux plans. D'une part, le repérage, la localisation d'événements éducatifs situés sur l'axe du temps. C'est ce que renseignent les notions de « parcours » ou de « trajectoire » (scolaire, éducative, professionnelle). D'autre part, la construction d'une historicité des apprentissages. Cette construction provient de la capacité du sujet à situer une série d'événements biographiques en relation avec des contextes sociaux, culturels et historiques, des relations interpersonnelles, des influences sociales, éducatives, familiales.

Apprenants et étudiants sont au centre de ce dispositif éducatif parce qu'ils sont invités à coopérer à cette tâche : repérer des événements significatifs de leur parcours et de leur vécu avec les langues, donner du sens à ces événements, et, ce faisant, apprendre. Quelles que soient les sources de leur plurilinguisme, - qu'il provienne d'une histoire migratoire, d'une trajectoire scolaire ou de formes variées de mobilités sociales et culturelles, les sujets plurilingues sont considérés comme capables d'apprendre, ensemble, à « historiciser » leur diversité langagière, à reconfigurer et à enrichir leurs identités culturelles.

Bibliographie

Benrabah, M., 2007. « Politique linguistique en Algérie : insécurité au sommet, ouverture à la base ». In Lambert, P., Millet, A., Rispail, M. & Trimaille, C. (eds.) *Mélanges offerts à Jacqueline Billiez*. Paris : l'Harmattan. pp. 55-64.

Bertucci, M.-M. & Houdart-Merot, V. (eds.) 2005. *Situations de banlieues : enseignement, langues, cultures*. Lyon : INRP.

Bretegnier, A. 2008. « Interroger le sens et les enjeux des projets d'appropriation du français langue d'insertion à travers la production d'histoires de langues en formation ». In Castellotti, V. & Huver, E. (eds.). *Insertion scolaire et insertion sociale des nouveaux arrivants*. Glottopol. 11. Université de Rouen.

www.univrouen.fr/dyalang/glottopol/numero_11.html (Pdf pp. 2-12). Page active le 5-05-10.

Calvet, L.-J., Rééd. 1999. (1ère éd. 1987). *La guerre des langues et les politiques linguistiques*. Paris : Hachette Littératures.

Candelier, M., 2007 (eds.). *A travers les langues et les cultures, Cadre de référence pour les approches plurielles des Langues et des Cultures*. Version 2. Conseil de l'Europe. Gratz : Série de rapports Recherche et Développement du CELV.

Causa, M. & Cadet, L. 2006. « Devenir un enseignant réflexif : Quels discours ? Quels modèles ? Quelles représentations ? ». In Molinié, M. (eds.). *Biographie langagière et apprentissage plurilingue. Le Français dans le monde Recherches et Applications*. 39. Paris : Cle international-FIPF. pp. 69-83.

Castellotti, V. & Moore, D . 2007. « Le Bilingue était presque parfait, variations au cœur et aux marges de la sociolinguistique ». In Lambert, P., Millet, A., Rispail, M., Trimaille, C. (eds.).Op. cit. pp. 227-236.

Charlot, B., Bautier, E. & Rochex, J.-Y. Rééd. 2000. (1ère éd. 1992). *Ecole et savoir dans les banlieues… et ailleurs.* Paris : Armand Colin.

Chaulet Achour, C. 2006. « Qu'entend-on par francophonies littéraires ? ». In Chaulet Achour, C. (eds.). *Convergences francophones*. Amiens : CRTF. Encrages. Les Belles Lettres. pp. 9-31.

Coste, D., Moore, D. & Zarate, G. 1997. *Compétence plurilingue et pluriculturelle. Vers un cadre européen de référence pour l'enseignement et l'apprentissage des langues vivantes : études préparatoires.* Strasbourg : Editions du Conseil de l'Europe.

Dabène, L. 1990. « Didactique des langues et sociolinguistique : quelles relations ? ». *Recherche, terrain et demande sociale.* Actes du 2e colloque international de l'ACEDLE. Strasbourg : Université des sciences humaines. pp. 73-80.

Gaudemar, J.-P. de. 2002, Exposé de Clôture de la Journée de réflexion sur FLE et FLS en France et à l'étranger, Maison de l'Unesco, 15 mars 2002. (document non publié).

Huver, E. & Molinié, M. (eds.). 2008. *Praticiens et chercheurs à l'écoute du sujet plurilingue, Réflexivité et interaction biographique en sociolinguistique et en didactique. Cahiers de l'atelier de sociolinguistique.*(CAS). 4. Université de Picardie. www.u-picardie.fr/LESCLaP. Page active le 5-05-10.

Molinié, M., 2005. « Regards sur le plurilinguisme en banlieue ». In Bertucci, M.-M. & Houdart-Merot, V. (eds.). Op. cit. pp.103-111.

Molinié, M., 2006. « Construire une identité d'enseignant francophone » In Chaulet Achour, C. (eds.). Op. cit. pp. 57-69.

Molinié, M. 2006. *Portfolio de l'enseignant chercheur.* Université Préfectorale d'Osaka. (document non publié).

Molinié, M. 2007. « Faire de son biculturalisme un objet de savoirs en sciences humaines ». In Causa, M. (eds.).

Formation initiale en FLE, actualités et perspectives. In *Le Français dans le monde.* Recherches et Applications. 41. Paris : Cle international. pp.147-156.

Molinié, M. (eds.). 2009. *Le dessin réflexif : élément d'une herméneutique du sujet plurilingue.* Amiens : CRTF. Encrages. Les Belles-Lettres.

Molinié, M. & Marshall, C. (eds.). 2009. *Transmissions de savoirs, transferts culturels, et politique universitaire : une relation franco-japonaise.* Amiens : CRTF. Encrages. Les Belles-Lettres.

Moore, D. 1993. « Entre langues étrangères et langues d'origine : transformer la diversité en atout dans l'apprentissage ». In Garabédian, M. (eds.). In *Etudes de Linguistique Appliquée.* 89. *Quels modèles didactiques pour enseigner/apprendre une langue étrangère à de jeunes scolaires ?* Paris : Didier Erudition. pp. 97-107.

Portfolio européen des langues. 2006. Conseil de l'Europe, CRDP Basse Normandie, Didier-Scérén.

Py, B. 2007. Préface. In Lambert, P., Millet, A., Rispail, M. & Trimaille, C. (eds.). Op. cit. pp. 9-19.

Saladin, J. & al. 1993. *Scolarisation des enfants et adolescents nouvellement arrivés en France.* Recueil de textes officiels. Paris : FAS.

Some, P. 2006. « Le plurilinguisme en héritage ». In Molinié, M. (eds.). Op. cit. pp. 108-122.

Varro, G. & Mazurkiewicz, C. 1997. « Les non-francophones, leurs cultures et la culture scolaire ». In Boyzon-Fradet, D. & Chiss, J.-L., (eds.). *Enseigner le français en classe hétérogène*. Paris : Nathan pédagogie. pp. 201-210.

USAGES DU DETOUR PAR LE CREOLE HAÏTIEN POUR L'ENSEIGNEMENT DU FRANÇAIS

Dominique Fattier[63]

Université de Cergy-Pontoise
LDI UMR 7187 & EA 1392 CRTF, pôle LaSCoD,
F-95 000 Cergy-Pontoise

Détour[64] [detuR] n. m. – 1165, *destor* « lieu écarté » ; déverbal de *détourner*.

1. Tracé qui s'écarte du chemin direct (en parlant d'une voie, d'un cours d'eau).
2. Action de parcourir un chemin plus long que le chemin direct qui mène au même point ; résultat de cette action.
3. (Abstrait). Moyen indirect de dire, de faire ou d'éluder qqch.

Dans ce texte, il sera question de deux expériences du détour par une langue créole, celle d'Haïti, pour faire redécouvrir ou faire découvrir le français. Dans un premier temps, il sera question d'un cours dédié à « l'apprentissage réflexif du créole haïtien, langue inconnue » qui fournit de nombreuses occasions de favoriser, chez des étudiants

---

[63] Dominique.fattier@u-cergy.fr

[64] Les éléments d'information relatifs au mot « détour » ont été extraits du *Grand Robert de la Langue Française*. 1987

universitaires de licence, une redécouverte du français. J'en donnerai quelques exemples. Je présenterai ensuite une autre expérience de détour, toujours en cours : il s'agit d'une approche visant à fonder, dans le cas d'une initiation au français dans les aires créolophones, les stratégies pédagogiques initiales sur les éléments communs homologues ou proches dans la langue-source et dans la langue-cible. Il n'est sans doute pas inutile de donner, pour commencer, quelques éléments d'information généraux sur les créoles français[65]. Ceux de France sont souvent les grands oubliés des débats portant sur les langues régionales. Pourtant, comme l'écrit avec force Chaudenson (2006 : 90) :

> *Même si on ne le sait guère et même si on le dit moins encore, les créoles français des DOM (Guadeloupe, Guyane, Martinique, Réunion), sont, de très loin, les langues régionales de France les plus importantes, tant par le nombre de locuteurs (près de deux millions en comptant les « Domiens » de Métropole) que par leur usage (langues premières et/ou d'usage quotidien pour l'immense majorité des locuteurs).*

Quant aux autres créoles français, ceux qui sont parlés hors de France, tant dans la région américano-caraïbe (Louisiane, Haïti, Dominique, Sainte-Lucie) que dans l'Océan Indien (île Maurice, îles Seychelles), ils sont encore moins connus et identifiés. Ils sont pourtant, tout comme les premiers, les conséquences linguistiques et culturelles des expansions coloniales qu'a engagées la France au XVIIe et au XVIIIe siècles, les conséquences de cette globalisation. Avec le français, pour toutes ces langues, il y a une histoire commune ainsi qu'un cadre

---

[65] La précision qu'apporte l'adjectif est importante car il existe des créoles d'autres bases que le français : anglais, espagnol, portugais …

linguistique commun. Ce qui n'en fait pas pour autant des dialectes du français : les processus de la créolisation, avec en particulier l'acquisition non guidée du français parlé, dans des contextes sociolinguistiques caractérisés entre autres par une forte réduction de la pression normative, ont favorisé tout un train de restructurations qui ont conduit à l'autonomisation, à la rupture avec le modèle linguistique français. Les créoles constituent, de ce fait, un matériau irremplaçable pour l'étude de l'acquisition linguistique non guidée. Comme l'écrit Klein (1989 : 32) :

> *L'acquisition non guidée a occupé une place très restreinte dans les recherches jusqu'à récemment ; la plupart des études existantes portent sur l'acquisition guidée, et parmi celles qui étudient l'acquisition non guidée, l'acquisition par des adultes, donc par des locuteurs dont la première langue est pleinement développée, est plus faiblement représentée.*

Et il ajoute quelques lignes plus bas :

> *La façon dont l'être humain traite le langage et donc acquiert une langue maternelle ou étrangère s'est développée au cours de centaines de milliers - peut-être de millions - d'années, et ce apparemment sans enseignement systématique jusqu'il y a peu (c'est-à-dire il y a quelques millénaires). L'homme a donc développé sa faculté d'acquérir des langues de façon non guidée, et il serait déraisonnable de penser que cette faculté puisse être manipulée librement (Ibid.).*

Aussi pour ce chercheur, l'acquisition guidée « doit être vue comme un cas dérivé, comme une tentative pour domestiquer un processus naturel… » (Ibid. : 33).

L'apprentissage réflexif du créole haïtien, langue inconnue. L'occasion d'une redécouverte du français

C'est avec le rappel historique suivant que Porquier ouvrait en 1994 une journée d'étude[66] ayant pour thème Les journaux de bord d'apprenants de langues.

Objets de recherches et questionnements théorique :

> *L'introduction de l'apprentissage d'une langue inconnue dans la formation initiale ou continue d'enseignants de langue (ayant déjà étudié au moins une autre langue, et se destinant à enseigner, ou enseignant déjà une langue autre) paraît remonter aux années soixante. Longtemps imposée dans les stages de formation à l'enseignement audiovisuel organisés par le CREDIF, elle a ensuite trouvé place dans d'autres contextes, y compris dans les formations universitaires. Elle est, depuis 1983, obligatoire en France dans la mention « français langue étrangère » des licences de langues vivantes, de lettres modernes et de sciences du langage. La principale justification, à l'intérieur d'une formation méthodologique et didactique large, en est devenue, au cours des années 70, la sensibilisation aux diverses dimensions (linguistique, psycholinguistique, culturelle) de l'apprentissage des langues (« pour comprendre comment s'apprend une langue, mettez-vous dans la situation d'un apprenant-observateur »). Avec le recours à diverses démarches d'auto-observation et d'introspection, parmi lesquelles le journal de bord (en anglais « logbook » ou « diary ») (1994 : 3).*

---

[66] Cette journée d'étude qui s'est tenue le 26 novembre 1994 à l'initiative du Groupe *Jan Comenius* de recherches en linguistique et didactique des langues a donné lieu à cinq communications auxquelles je renvoie le lecteur.

Il y a un intérêt méthodique à inscrire un tel enseignement/apprentissage dans un parcours FLE/FLS[67]. Il s'agit pour les étudiants d'être confrontés à un cadre de langue extérieur à leur cadre habituel, pour sortir de la contingence de leur pensée sur les langues, de prendre conscience grâce à ce détour des partis pris implicites de leur pensée métalinguistique. Du côté du guidage de la réflexion, le passage par cet écart de la langue inconnue permet de rendre saillants des traits du français qui apparaissent comme allant de soi, comme universels et qui ne le sont pas. La visée principale de cet enseignement est de sensibiliser les étudiants éventuellement appelés à enseigner le français langue étrangère (ou seconde) aux problèmes auxquels seront confrontés leurs élèves et, plus largement[68], de se construire un savoir personnel et original sur l'apprentissage/enseignement des langues.

A l'université de Cergy-Pontoise, la langue inconnue proposée est le créole haïtien. Dans ce cours d'apprentissage réflexif, la langue n'est pas à elle seule l'essentiel mais elle joue un rôle indispensable car elle est la matière première de tout le travail. L'expérience étant limitée dans le temps[69] et demandant une bonne dose d'énergie (il faut en même temps qu'on apprend des rudiments de créole réfléchir aux multiples dimensions de cet apprentissage, y compris celle de la situation

---

[67] FLE : français langue étrangère ; FLS : français langue seconde et/ou langue de scolarisation.

[68] Les métiers et débouchés du FLE/FLS ne se réduisent pas à ceux de l'enseignement. Et quant aux futurs enseignants, ils sont de plus en plus souvent dans la situation d'enseigner deux langues.

[69] 2 heures de cours hebdomadaires délivrés sur 11 semaines, la dernière séance étant consacrée à une évaluation écrite des connaissances.

d'enseignement), elle ne peut constituer qu'une simple sensibilisation à la langue et à la culture haïtiennes.

Chaque année, le groupe d'étudiants compte, à côté de ceux qui viennent au titre de leur spécialité FLE/FLS, quelques étudiants non spécialistes, attirés par le caractère effectivement original du cours et/ou tout simplement curieux de créole.

L'insistance mise sur la réflexion, et en particulier, l'obligation de tenir un journal de bord[70] si elle stimule beaucoup d'étudiants est parfois vécue comme trop inhabituelle, voire même comme inquiétante par d'autres … et on ne s'étonnera donc pas de la résistance qu'ils peuvent manifester en face de « la contrainte à monologuer et surtout à monologuer par écrit, tâche difficile et redoutée surtout chez des publics jeunes » (Vasseur, 1994 : 18). Cette activité est donc guidée, fortement soutenue, dès le départ, interactive et progressive. Au fil des cours, l'attention des étudiants se met en alerte, leur conscience est plus éveillée. Ils deviennent observateurs de leurs propres conduites, de leurs propres verbalisations tant orales qu'écrites, de celles de leurs camarades également et finissent généralement par se prendre au jeu … et même pour certains, à regretter qu'il n'y ait pas une suite, un deuxième niveau !

Il y aurait beaucoup à dire sur cette expérience très particulière, tant pour sa face « enseignement » que pour l'apprentissage. Du côté enseignement, elle est passionnante et diverse, parfois troublante et je ne suis pas loin de partager l'enthousiasme que Bertrand exprime en conclusion du bel article qu'il a consacré à son expérience d'enseignement réflexif de l'allemand :

---

[70] La synthèse qui en est faite en fin de parcours compte pour 60 % dans l'évaluation finale.

C'est d'ailleurs aussi pour les collègues qui enseignent l'allemand dans les conditions habituelles que nous avons écrit ce compte rendu d'expérience. Qu'on nous pardonne de terminer par une confidence personnelle : de tous les cours que nous avons donnés depuis le début de notre carrière, c'est celui qui nous a apporté le plus de satisfaction, la satisfaction d'enseigner de façon équilibrée, vivante, concrète et pratique, à la fois l'allemand, la linguistique et la didactique de l'allemand. Nous avons rencontré un professeur heureux (1989 : 377).

L'enseignement fait alterner cours de créole proprement dits[71], séquences de réflexion linguistiques (l'écrit, l'oral, comparaisons entre écrit et oral, etc.), séquences plus didactiques, plus méthodologiques (réflexion sur les différents modes de saisie du sens étranger, les démarches employées pour enseigner la grammaire, les matériaux et supports à choisir, les progressions d'enseignement) et séquences ménageant une découverte de la culture. Il vise à la formation de « reflexive practitionners »[72] ou praticiens réflexifs.

Pour l'apprentissage et les journaux d'apprentissage, il n'est pas possible de rendre compte de ce gisement dans le cadre limité du présent article et je renvoie donc le lecteur aux différentes communications faites dans le cadre de la

---

[71] Les supports sont variés : documents fabriqués de la méthode de créole haïtien d'Albert Valdman et documents authentiques.

[72] Le terme est employé par Bernadette Grandcolas (1994 : 13). Ce sont des *reflexive practionners* que visent à former les journaux de bord sur des situations de d'enseignement ou des stages de formation, type très utilisé en Grande-Bretagne dans la formation des enseignants.

journée d'études du groupe Jan Comenius[73] ainsi qu'à un article plus récent de Berchoud[74].

J'ai choisi, comme en témoigne le titre donné à cette partie du texte, de me centrer sur les occasions de (re)découverte du français que crée pour les étudiants ce cours d'apprentissage réflexif du créole haïtien. Le détour par cette langue permet en effet des redécouvertes qu'une trop grande familiarité avec le français empêche souvent de faire.

Avant d'en venir à ce stade, je voudrais rappeler à la suite de Trévise ce qui fait la spécificité de toute acquisition d'une langue seconde (qu'elle soit guidée/institutionnelle ou non guidée/sauvage) : d'une part lors d'une telle acquisition, le langage intérieur est en langue maternelle, et d'autre part cette langue maternelle constitue par ailleurs le système linguistique préalable à partir duquel le travail de découverte de l'étrangeté de l'autre système va se faire (il s'agit de découverte de l'inconnu à partir du connu). La métalangue est dans la langue maternelle qui peut, d'ailleurs, elle aussi être objet de réflexion contrastive, analogique.

> *Il reste que c'est avec l'outil de représentation qu'est la langue 1 que l'apprenant, dont la personnalité est forgée par cette langue 1, va tenter de réfléchir, d'exercer sa*

---

[73] Y compris la bibliographie sur les journaux de bord présentée lors de la journée en question.

[74] Je renvoie le lecteur désireux d'en savoir plus sur le sujet à l'article de M.-J. Berchoud (2002), qui fait l'étude d'une centaine de « journaux d'apprentissage », rédigés entre 1995 et 2001 par des étudiants de l'INALCO et de l'université d'Artois-pôle d'Arras. On lira également avec profit le numéro 39 de la revue *Le Français Dans Le Monde* (Recherches et applications) coordonné par Muriel Molinié en 2006, sous le titre *Une approche biographique des trajectoires linguistiques et culturelles.*

pensée logique, sur un système de représentation du monde autre, sur une autre vision du monde (Trévise, 1994 : 24). [75]

Une si proche étrangère : un créole français n'est pas, pour un francophone natif, une L2[76] comme une autre

Si la majorité des étudiants se disent en début de semestre intéressés/amusés par l'idée d'exercer leur réflexion sur un créole, il y a parfois de la déception chez certains. Parmi les raisons de la déception, on trouve l'idée que les créoles ne sont pas de « vraies » langues mais quelque chose comme des « patois », donc sans intérêt. C'est alors le moment de réfléchir sur la notion de patois ou de dialecte opposée à celle de « langue standard », d'apporter quelques informations d'ordre sociolinguistique sur la situation linguistique de la France, sur la situation du français en France, d'évoquer la question de la variation et celle de la norme.

Pour d'autres étudiants, « le créole » (ou les créoles, les choses sont très floues dans ce domaine) n'est pas assez différent du français pour offrir un quelconque intérêt (il « manquerait d'exotisme »). Il va sans dire que de telles idées reçues sont particulièrement bienvenues dans un cours dont le propre est de faire réfléchir et de faire évoluer. A ceux qui considèrent que le créole haïtien et avec lui les autres créoles à base française sont trop proches du français pour pouvoir donner lieu à un

---

[75] Tout en rapportant ce propos de Trévise, je n'oublie pas que d'autres langues que la langue 1 peuvent jouer un rôle important dans l'acquisition d'une nouvelle langue.

[76] L2 : ce qui n'est pas L1 ou langue maternelle, ce qui n'est pas la(les) langue(s) acquise(s) la(les) première(s) dans le temps (en prenant donc en compte l'acquisition de langue maternelle bilingue).

apprentissage réflexif, il est facile d'expliquer qu'à certains égards, ils sont aussi exotiques que, par exemple, le chinois. Comme la langue chinoise, le créole d'Haïti ne comporte pas de catégorie grammaticale du genre (il n'y a donc pas de différenciation des noms en masculins, féminins, pas d'accord en genre ...).

Un peu d'histoire de la langue

> *« Souvenir personnel : j'ai eu l'occasion d'écouter une prise de parole en créole et alors que cela avait l'air d'être du français, je n'y comprenais rien » (Journal de bord, 2007).*

Le cours d'apprentissage réflexif du créole haïtien langue inconnue n'est pas un cours d'histoire de la langue. Cependant, il n'est guère imaginable surtout étant donné le contexte d'enseignement (un département de lettres modernes avec une forte orientation sur les francophonies littéraires et linguistiques), de lancer les étudiants à l'assaut du créole haïtien sans leur fournir au moins quelques rudiments d'histoire de la langue. La découverte de la langue elle-même y invite dès les premiers pas : ça a l'air d'être du français mais ça n'est pas du français.

Les créoles français sont donc explicitement présentés comme les conséquences linguistiques de l'expansion coloniale française au XVIIe et au XVIIIe siècle dans la région américano-caraïbe et dans l'Océan Indien. Cette expansion et le mode de production esclavagiste qui va bientôt être mis en œuvre dans les différentes colonies vont déclencher des contacts entre des colons français venant de la France de l'Ouest et du Nord et des esclaves originaires, selon la région concernée (Caraïbes ou Océan Indien), de l'Afrique de l'Ouest ou de Madagascar. Les esclaves, étant donné les pressantes stimulations du milieu colonial ambiant, n'auront d'autre choix en matière linguistique que celui, très pragmatique, *d'acquérir* la langue du colon. Cette langue ou plutôt cette variété de langue a été identifiée par les chercheurs comme étant du français populaire des XVIIe-XVIIIe siècles, fortement « koinèisée[77] ». C'est l'occasion de faire (re)découvrir aux étudiants que le français lui aussi dérive, comme l'a montré Cerquiglini (2007), non pas en droite ligne de la langue de Cicéron ou de Virgile, mais de parlers populaires, en l'occurrence le bas-latin oral parlé par le petit peuple, les paysans, les soldats et que ce latin-là s'est transformé au contact de parlers celtes (ceux des Gaulois) et germaniques (ceux des Francs). De même le français populaire (en l'occurrence la variété de français qui a été essaimée dans les diverses îles et territoires coloniaux) s'est trouvé au contact[78] de langues autres, africaines de l'ouest en Haïti par exemple, et s'en est trouvé transformé.

Acquérir une langue étrangère

Les créoles sont présentés comme les produits de l'acquisition du français langue seconde. Cette acquisition du français par les esclaves *bossales*[79] s'est faite, comme

[77] « Fortement koïnèisée », c'est à dire ayant subi des processus de koïnèisation. Rappelons à la suite de Chaudenson (2003 : 187) que le mot *koïnèisation*, issu du grec *koïnè* a servi à caractériser l'émergence d'une langue commune (« koïnè ») grecque à partir de divers dialectes de la Grèce ancienne. Le mot a été ensuite employé pour désigner des langues issues de dialectes ou de variétés linguistique diverses d'un même idiome. Koïnèisation qualifie donc l'ensemble des processus par lesquels s'opère l'unification de ces variétés.

[78] Rappelons que les « lieux » du contact de langues sont les cerveaux des locuteurs !

[79] C'est-à-dire : qui n'étaient pas nés dans les territoires coloniaux mais y avaient été déportés.

toute acquisition de langue, sous le signe de la « discontinuité ». C'est l'occasion d'insister d'une part sur le caractère discontinu de la transmission linguistique que les étudiants découvrent alors généralement (Meillet, 1982 : 235)[80]. Et d'autre part sur le fait que cette acquisition qui s'est produite à date ancienne est, dans certains de ses processus, très comparable à l'acquisition non guidée d'une langue contemporaine par des migrants. Quelques exemples font comprendre ce qu'on entend par là : dans le créole haïtien parlé aujourd'hui, des mots issus du français ont la forme suivante : *zangi* (< les anguilles), *zèl* (< les ailes), *zetwal* (les étoiles), *zepòl* (les épaules), *nechèl* (< une échelle), *nonm* (< un homme), etc …

Ces mots haïtiens rappellent certaines « fautes » orales rencontrées chez des enfants francophones de 2 à 5 ans, et qui se retrouvent également chez des non francophones, adolescents ou adultes, exposés à du français parlé :

Une vion à partir de « l'avion » [lavjõ]
Le navion à partir de « un avion » [ênavjõ]
Le tami à partir de « cet ami » [sɛtami]
Le zoiseau à partir de « les oiseaux »
L'èbre à partir de « les zèbres » [lezɛbR]

Les enfants et, plus largement, les apprenants de français en produisant de telles formes, créent en fait des formes analogiques, des formes qui sont elles-mêmes créées sur le modèle d'une autre, et dont on peut rendre compte en utilisant le schéma saussurien (dit « calcul de la 4e proportionnelle ») :

---

[80] Il s'agit en réalité d'un article paru initialement dans *L'Année sociologique* (1905-1906) et repris en 1982 dans un volume publié chez Slatkine-Champion.

La poupée : une poupée = l'avion : une X
X : une *vion
Les chats : le chat = les oiseaux : le X
X : le *zoizeau

Pour la première (***vion**), il s'agit d'une forme que l'enfant n'a jamais entendue ! Il en va de même pour la seconde forme (***zoiseau)** qui n'a aucune réalité en tant que mot du français, avec cette différence cependant qu'une telle séquence s'entend.

Si de telles formes ne s'imposent pas en français, c'est qu'à un moment ou à un autre la pression sociale normative - la famille, les pairs, l'école - rétablit les formes correctes (**avion** et **oiseau**), sans oublier que d'autres occurrences finissent par révéler les différences.

Dans les situations sociolinguistiques qui constituent le cadre d'émergence des langues créoles, la pression de la norme est très réduite (Chaudenson, 2003 : 181 et suiv.) et, par conséquent, des surgénéralisations comme celles qui viennent d'être présentées ont toutes les chances de s'imposer. Elles ont un résultat qui est la création d'une nouvelle forme, cette création pouvant être elle-même à l'origine de tout un ensemble de restructurations (changements liés).

On peut acquérir une langue étrangère dans des conditions très différentes et la distinction entre « acquisition non guidée » et « acquisition guidée (par l'enseignement) » (Klein, 1989 : 29-36) est non seulement d'une grande importance pratique mais aussi très précieuse pour faire référence aux situations où ont émergé des créoles : l'acquisition non guidée du français dans et par la communication quotidienne entre esclaves et colons s'y est développée naturellement et sans intervention systématique pour guider le processus. Un aspect important était le peu d'attention porté à la langue pour elle-même. Pour l'apprenant (esclave) mais aussi pour le colon, l'important était de comprendre et de se faire comprendre, et tous les moyens leur étaient bons. Ce qui a eu deux conséquences : d'abord, ils étaient intéressés avant tout par le succès de la communication, et non par l'exactitude formelle de la langue, contrairement à ce qui se passe souvent dans l'enseignement d'une langue étrangère[81] ; ensuite, « la composante métalinguistique de la connaissance de la langue était moins développée, c'est-à-dire que l'apprenant réfléchissait moins sur la langue, ses formes et ses règles que ce n'est le cas lorsque formes et règles sont enseignées » (Klein, 1989 : 31).

Les deux exemples qui ont été cités (*avion* et *oiseau*) fournissent l'occasion de faire saisir les points suivants dont il convient d'être conscient et qui sont importants dans une perspective de formation de futurs enseignants de FLE (et plus largement d'enseignants de langues) :

- les processus analogiques (révélés par les « analogies proportionnelles ») supposent de la part des apprenants une analyse et la postulation d'une règle simple ; les apprenants sont donc actifs et créatifs.
- les mêmes processus ou des processus voisins sont à l'œuvre dans l'acquisition du français langue

[81] En fait dans ce dernier cas, cela dépend beaucoup de la méthodologie sous-jacente et il y a de ce point de vue des contrastes importants entre méthodologies d'enseignement des langues : les étudiants sont alors invités à réfléchir aux différences entre méthodes (de la grammaire-traduction aux méthodes communicatives) qu'ils étudient dans un autre cours de la spécialité FLE/FLS, le cours de didactique.

maternelle, dans l'acquisition du français langue étrangère et aussi, dans la formation des créoles français[82] …

- Ce qui est considéré comme une faute aujourd'hui peut devenir la règle demain de même que les fautes d'hier sont (parfois) les règles d'aujourd'hui. Ce constat doit être mis en relation avec le fait que le changement linguistique est universel[83], mais comme il fait généralement difficulté pour les étudiants, des exemples puisés dans l'histoire récente ou plus ancienne du français sont donnés. Il n'y a pas si longtemps, lorsqu'on disait ou écrivait « je voulais qu'il vienne », on faisait une faute contre la concordance des temps du français standard qui prescrivait « je voulais qu'il vînt ». Mais cette phrase fautive a été de plus en plus perçue comme correcte par la plupart des gens, et même acceptée par ceux qui connaissaient la règle. C'est pour cela qu'a été introduite, à côté de la notion de règle, celle d'usage : lorsque tout le monde accepte « je voulais qu'il vienne », on ne peut plus parler de faute. L'exemple donné est un exemple de règle juridique[84]. Mais il en va de

---

[82] Cf. par exemple les travaux de Véronique sur les rapprochements entre acquisition et créolisation.

[83] Les étudiants n'ont pas toujours clairement conscience que toutes les langues naturelles évoluent, que le changement linguistique est une caractéristique universelle des langues. S'ils admettent bien cette idée pour les néologismes lexicaux, ils sont nettement plus réservés quant aux néologismes morphologiques (par exemple).

[84] J'utilise ici l'opposition établie par Laks entre règle juridique et règle pratique. La *règle juridique* dont fait partie la règle du jeu, est un règlement explicite ayant valeur de contrainte (il est assorti de sanctions, au moins symboliques) socialement édicté. Les règles prescriptives des grammaires didactiques sont de ce type. En

même des règles pratiques. Le verbe *aimer* avait autrefois deux bases verbales (*aim-* et *am-*) et on devait changer de base selon la personne : on disait par exemple « nous amons » et non pas « nous aimons ». Un beau jour, des enfants au cours de leur acquisition de la langue se sont mis à « régulariser » ce verbe et c'est pourquoi nous disons « nous aimons » de nos jours.

L'oral et l'écrit

On ne saurait réduire la question du rapport entre oral et écrit à la seule question de l'orthographe. Toutefois en onze semaines de cours d'apprentissage réflexif du créole haïtien, il n'est guère possible d'observer les différences et/ou les ressemblances entre écrit et oral aux différents niveaux de l'analyse linguistique. Il faut aller au plus urgent. L'expérience montre régulièrement que même s'agissant du français, la distinction de base oral/écrit est très loin d'être claire et maîtrisée par la plupart des étudiants de troisième année du parcours FLE/FLS, qu'ils soient en lettres modernes ou qu'ils relèvent de l'UFR de langues. Ils ont tendance à mélanger écrit et oral et n'ont pas nettement conscience, pour la plupart, des différences entre marques linguistiques à l'écrit et à l'oral. Les étudiants sont d'abord confrontés à du créole écrit puis sont confrontés à la version parlée-sonore[85] de ce qu'ils

---

revanche, les *règles pratiques* ne sont pas explicites car souvent non conscientes : ce sont les règles de fonctionnement des langues que cherchent à mettre au jour les linguistes ; elles sont reconstruites comme « le principe organisateur d'une conduite ou d'un comportement régulier » (1996 : 124).

[85] Grâce à la cassette de la méthode de créole faisant partie des supports de cours - celle élaborée par Valdman (1988).

ont d'abord découvert à l'écrit. Parfois c'est la démarche inverse, toujours vécue comme beaucoup plus déstabilisante, qui est adoptée : de l'oral à l'écrit. Avec le créole haïtien langue inconnue, il leur est facile de percevoir que la chaîne parlée forme un continuum sonore, de réaliser leurs difficultés lorsqu'il leur est demandé de découper en mots la chaîne en question, de découvrir que les mots ne peuvent pas être isolés à l'oral grâce à un accent qui leur serait propre. C'est l'occasion de réaliser que le créole haïtien est une langue à accent de groupe et non à accent de mot. Tout comme le français …

L'orthographe officielle du créole haïtien est à orientation phonologique. On peut dire que c'est une langue qui s'écrit phonétiquement, où ce qui s'écrit se prononce et ce qui se prononce s'écrit. « Faire correspondre à chaque lettre de l'alphabet un son de la langue et faire qu'un son de la langue s'écrive toujours avec la même lettre : tel est le rêve du fonctionnement phonographique idéal » écrit Blanche-Benveniste (2003 : 352). Comme on peut le voir ci-dessous, l'orthographe du créole haïtien n'est pas très loin d'atteindre cet idéal de b + a = [ba], d + a = [da], à ceci près qu'elle emploie également un signe diacritique (l'accent grave)[86] et quelques groupements de lettres, qu'on trouve du reste pour certains d'entre eux, également en français (o+u = [u] ; e +n = [˜ε] ; o + n = [õ] ; a+n = [ã]) :

Lè m sonje	*Quand je pense*
Sa yo fè peyi m	*à ce qu'on a fait à mon pays*
Kè mwen fè mwen mal	*mon cœur me fait mal*
Lè m sonje	*Quand je pense*
Sa yo fè timoun yo	*à ce qu'on a fait aux enfants*

[86] La lettre e, pourvue de ce diacritique, prend à l'oral une valeur de voyelle antérieure mi-ouverte.

Mwen anvi kriye *J'ai envie de pleurer*

Trouillot, *L'œil-Totem* (2006 : 24)[87].

Au contraire, le français ne s'écrit pas toujours comme il se parle, ni bien souvent ne se parle comme il s'écrit, les embûches de l'orthographe et de la prononciation en témoignent constamment. La maîtrise du français repose sur l'acquisition d'une double manifestation, orale et écrite. Le constat de la différence entre les deux langues ne manque pas de susciter de très nombreuses réactions de la part des étudiants. Il est alors intéressant de leur rappeler brièvement par exemple les principaux acquis des recherches de la linguiste Catach sur l'orthographe du français et son plurisystème, son triple étagement en « phonogrammes », « morphogrammes », et « logogrammes » (1986). De leur apprendre aussi que, d'après cette linguiste (Ibid. : 1986 : 27-29), 80 à 85 % des signes d'un texte quelconque sont chargés en français de transcrire des sons (ce sont donc des phonogrammes). La comparaison fournit aussi l'occasion de comparer les mérites et les inconvénients respectifs des deux orthographes en évoquant tour à tour la perspective du scripteur et celle du lecteur, comme le fait Blanche-Benveniste :

> *Comme c'est le cas pour toutes les langues chargées d'une orthographe lourde, l'écriture du français joue deux rôles très différents, pour celui qui écrit la langue ou pour celui qui la lit. Pour celui qui écrit, le système commode est sans doute celui des correspondances simples entre la prononciation et les graphèmes. Dans l'état actuel, beaucoup d'enfants et d'adultes ont du mal à écrire, parce*

[87] La traduction en français est de mon fait.

qu'ils n'arrivent pas à maîtriser l'énorme « supplément orthographique » du français. Bien des projets sont nés de cette constatation et ont demandé - vainement jusqu'ici- des changements pour parvenir à des véritables correspondances « phonographiques ». Pour celui qui lit, et surtout pour le très bon lecteur, la saisie du texte se fait pour l'essentiel par la signification. D'où l'importance que prennent alors les « visages » des mots, saisis dans leur globalité, sans descendre aux éléments constitutifs. D'où le rôle de toutes les particularités graphiques qui font identifier les mots, à la fois lexicales et grammaticales. D'où la défense acharnée de l'orthographe existante. » (2003 : 364-366).

Grammaire

Dans ce domaine, les comparaisons qui ne manquent pas d'être faites de façon assez spontanée entre système haïtien et système français ou autre L1[88] permettent de briser l'illusion encore relativement fréquente qui consiste à croire que le système de la langue qui nous est familière, notre L1, est universel.

La découverte que le verbe créole ne se conjugue pas fournit l'occasion de rappeler que la catégorie du verbe est caractérisée en français par la conjugaison, définie comme la liste des formes fléchies du verbe, au nombre de 189 dans notre langue, sans compter les temps surcomposés (*je l'ai eu lavé*) et les formes pronominales (*je me lave*). L'ensemble de toutes ces formes fléchies constitue le paradigme complet du verbe français et a pour fonction de

[88] Le cours accueille des étudiants qui n'ont pas tous le français comme L1.

marquer les catégories de la personne et du nombre, du mode, du temps et de l'aspect …

Une telle redécouverte entraîne d'autres découvertes : s'il n'y pas de conjugaison en créole, alors il n'y a pas lieu de parler, à propos du verbe de cette langue, d'infinitif … Et il n'y a pas d'accord du verbe en nombre et en personne avec le sujet.

Les indications de temps et d'aspect sont fournies en créole par des marques préposées au verbe (*m t ap travay*). C'est l'occasion de souligner qu'en français les indications de temps et d'aspect sont parfois données de façon syncrétique par les mêmes formes : ainsi dans *(je) travaillais*, la « désinence » marque non seulement l'aspect non accompli (l'action se déroule, elle est en cours) mais véhicule aussi le « passé ». Cette particularité du français a fait que la catégorie de l'aspect a longtemps été occultée par celle du temps dans la tradition grammaticale française (Arrivé, Gadet, Galmiche, 1986 : 77).

Il n'est pas rare que de l'absence de conjugaison pour le verbe créole, les étudiants concluent justement à une *simplification* du système grammatical. C'est alors l'occasion de faire une mise en rapport avec une autre simplification, à savoir la perte dans l'histoire du français de la déclinaison nominale en relation avec le développement de l'ordre des mots sujet-verbe-objet.

Pour une adaptation de la didactique du français aux situations créolophones

Le détour par les créoles fournit un point de recul qui permet de réinterroger la didactique du français. La question de l'adaptation de cette didactique aux situations dans lesquelles le français est en contact, soit comme médium, soit comme langue seconde ou étrangère, avec des créoles qui en sont eux-mêmes issus, finit par s'imposer un jour ou l'autre comme une sorte d'évidence à tous ceux qui, comme enseignants ou chercheurs, ont développé par métier une familiarité avec la mise en comparaison systématique des créoles et du français, prenant ainsi conscience non seulement de leurs différences mais aussi de leurs ressemblances.

Un projet de recherche a été présenté par Chaudenson (2006 : 129-135) avec les éléments d'argumentaire suivant :

> *Curieusement, dans tous ces cas*[89]*, l'enseignement du français, médium éducatif ou langue majeure, n'est pas envisagé et n'a jamais été envisagé en fonction de l'existence des créoles locaux, qui possèdent pourtant, avec la langue-cible des éléments communs ou homologues au plan linguistique (phonologie, lexique, grammaire). Les langues créoles premières des élèves sont en effet, génétiquement apparentées avec le français : en gros, au moins 80 % des « matériaux linguistiques » des créoles viennent du fonds français, même si les créoles sont des systèmes linguistiques autonomes par rapport à cette langue. Une didactique appropriée serait donc assurément de nature à accélérer et à faciliter l'apprentissage du français. Une telle démarche conduirait aussi les locuteurs de ces langues locales à mieux connaître leurs idiomes nationaux et à juger de façon plus exacte et, par là, plus sereine de la relation de ces parlers avec le français. On éviterait par là d'entendre dire, comme en Haïti, que le « français, quoique langue officielle, est une langue étrangère.*

---

[89] Il s'agit des états de l'Organisation Internationale de la Francophonie (OIF) concernés par le projet : Dominique, France (avec ses quatre DOM : Guyane, Guadeloupe, Martinique, Réunion), Haïti, Maurice, Sainte-Lucie, Seychelles.

Différents travaux ont d'ores et déjà été dédiés à cette problématique que je cite ici pour mémoire. Il s'agit de deux numéros de la revue *Etudes créoles* (2006/1 et 2 ; 2007/1 et 2) ainsi que de plusieurs ouvrages : Chaudenson, 2007. *Français et créoles : du partenariat à des didactiques adapté*es ; Maïga, 2007. *Le français dans les aires créolophones : vers une didactique adaptée.*

Ma propre réflexion au sujet d'une didactique adaptée aux territoires créolophones a été amorcée avec une communication présentée au Onzième Colloque International des Etudes Créoles (Praia, Santiago, République du Cap-Vert, 31 octobre-6 novembre 2005).

Elle a donné lieu à la publication dans la revue *Etudes créoles* (volume 28/1 et 2) d'un article intitulé « Linéaments d'une synthèse contrastive à propos du couple créole haïtien-français, à l'intention des enseignants ». L'article s'adresse en priorité aux enseignants auxquels il fournit une information de base sur l'approche contrastive qu'évoque inévitablement l'adaptation didactique proposée. Il livre dans un second temps quelques éléments très concrets, destinés à illustrer les ressemblances[90] entre créole haïtien et français. Si les enseignants concernés sont en premier lieu les enseignants haïtiens, l'étude vise à convaincre un public plus large, en particulier celui des enseignants d'autres territoires créolophones, de l'existence de ressemblances effectives entre les différents créoles et le français. Il constitue de plus une invitation à entreprendre leur comparaison explicite[91]. L'action entreprise avec la rédaction de cet

---

[90] J'ai bien conscience d'employer un mot au contenu flou.

[91] On peut tout à fait avoir l'intuition de telles ressemblances sans pour cela en avoir une conscience très claire (cela a été longtemps ma propre expérience). Il est donc très utile de les mettre au jour. Une claire conscience des ressemblances constitue, selon moi, un type de

article se présente donc comme un premier élément d'une formation continue des enseignants, formation pour laquelle la conception et la création de cursus de formation sont à inventer.

Contrairement à des habitudes bien ancrées qui tendent, lorsqu'il s'agit de ressemblances entre créoles français et français, à privilégier le lexique ou la phonologie, j'ai choisi dans l'article en question de mettre en avant le grammatical, en l'occurrence la syntaxe[92] et la question de l'ordre des mots, en traitant successivement de

- la syntaxe de la phrase déclarative (ordre des constituants fondamentaux : le verbe et ses arguments essentiels
- l'ordre des mots au sein des groupes nominaux ou verbaux)
- la syntaxe des pronoms disjoints du créole haïtien[93]
- la syntaxe des énoncés autres que déclaratifs.

---

connaissances susceptible d'aider les enseignants. Il faut savoir aussi que les différences entre les deux langues, elles, sont généralement mieux perçues et connues que les ressemblances et ce, pour plusieurs raisons. L'entreprise glottopolitique de fondation du créole haïtien comme langue autonome (et non pas dialecte ou registre du français) a conduit les linguistes, surtout dans la période récente, à insister beaucoup plus sur la description des différences que sur celles des ressemblances. De plus, les travaux de comparaison systématique entre les deux langues, fondés sur des corpus larges, sont très récents et peu nombreux.

[92] La morphologie flexionnelle, cet autre composant de la grammaire, est au contraire à mettre à distance car c'est par là que les créoles divergent le plus du français.

[93] L'examen comparatif (fondé pour le français sur une étude de Benveniste (1974) et sur différents corpus de créole haïtien) montre que le pronom « disjoint » (la série *mwen, ou, li*) du créole haïtien a les mêmes propriétés que son homologue français (la série *moi, toi, lui*) à l'exception d'une (pour le détail, voir Fattier 1995 et 2006).

Cette présentation rend compte de l'attesté et de la diversité des structures du créole haïtien : constructions respectant l'ordre SVO, mais également constructions rompant avec cet ordre : présentatifs, structures inversées, structures avec dislocation, avec détachement. Beaucoup de dispositifs employés en français pour échapper à la syntaxe positionnelle SVO se retrouvent également en créole haïtien. Il n'y a rien d'étonnant à la primauté donnée à cette organisation « informationnelle » des énoncés quand on connaît les circonstances de la formation de ce créole[94]. Les constructions françaises, tant thématisantes que rhématisantes, que j'ai eu l'occasion d'évoquer à propos de la description du créole haïtien sont très fréquentes et répandues en français parlé. Différents travaux ont montré que les constructions thématisantes sont anciennement ancrées dans la langue française, en dépit de ce qu'on croit souvent. Elles se sont évidemment imposées aux acquisiteurs du français populaire dans la Saint-Domingue-Haïti des XVIIe-XVIIIe siècle et c'est pourquoi on en trouve des avatars en créole haïtien.

Je me suis appuyée pour cet effort de vulgarisation à l'intention des enseignants sur des travaux antérieurs, effectués dans le cadre de mes recherches en créolistique et qui n'avaient pas au moment de leur réalisation d'objectif didactique : il s'agissait bien plutôt de fournir, sinon des preuves, du moins de solides connaissances venant à l'appui de l'apparentement généalogique du créole haïtien et du français.

A cet égard un travail de typologie sérielle réalisé en collaboration avec Sörés (Fattier et Sörés, 1999) et mettant

---

94 Pour le CH comme pour les autres créoles français, voir Chaudenson, 2003 (chapitre quatrième : *Société d'habitation* vs *société de plantation*).

en œuvre la méthodologie des ressemblances construite par le typologue Greenberg (1966) m'a semblé pouvoir faire l'objet, de la part de lecteurs non spécialistes de linguistique, d'une appropriation relativement aisée. J'ai fait l'hypothèse que la méthodologie présentée, dans la mesure où elle est relativement facile à mettre en pratique, est susceptible de donner lieu à une application à d'autres créoles, permettant ainsi d'avoir une vision globale des ressemblances entre langues. L'entreprise est destinée à faire admettre le principe de la pertinence de l'approche selon laquelle la créolophonie peut et doit être regardée comme un élément de facilitation de l'apprentissage du français et non comme un obstacle, comme le dit Chaudenson en substance. Les enseignants sont les premiers concernés, eux qui ont de tout temps été formés à faire la chasse aux créolismes[95] et qui sont imprégnés, comme de nombreux enseignants de français, d'une idéologie de la langue standard poussée à son comble (Lodge, 1993 : 41, 209-210, 220, 236-247, 286, 329). Comme l'écrit Lodge :

> *[...] la France et la Grande-Bretagne, sociétés fortement centralisées et socialement hiérarchisées valorisent les idées de surnorme et le prescriptivisme (renforcés par l'extension de la culture de l'écrit) [...] (Ibid. : 210).*

Il m'a semblé pour différentes raisons qu'il était assez efficace de commencer le travail d'information et de formation par cette question de l'ordre des mots. D'abord parce que la « linéarité » de la chaîne parlée ou de la chaîne écrite s'impose facilement à la perception et qu'il est facile de repérer ce qui est avant ou après un mot, ce

---

[95] Ce sont des erreurs interlinguales, par « transfert négatif » entre langues (cf. la terminologie de l'approche contrastive).

qui est à sa gauche ou à sa droite. Ensuite parce que ni le lexique, ni la phonologie ne permettent à eux seuls de « parler une langue comme on la parle » (comme ont l'habitude de dire les didacticiens). Et enfin, sur le plan des connaissances à faire acquérir, quoi de plus important qu'une idée juste de l'inventaire, dans sa diversité, des structures du français !

Il reste beaucoup à explorer et à faire en vue de l'adaptation préconisée qui s'oriente vers la conception de progressions[96] d'enseignement fondées sur la dimension contrastive en mettant l'accent dans un premier temps sur les domaines linguistiques de facilité (ce que dans l'approche contrastive classique on appelait les « transferts positifs »)[97].

En guise de conclusion

Il est tentant d'assimiler l'approche de la didactique adaptée du français aux territoires créolophones à l'une ou à l'autre des problématiques qui tiennent une place importante dans la réflexion en didactique depuis une vingtaine d'années. Si elle est susceptible, dans ses effets comme dans ses principes, d'apporter sa contribution spécifique à l'éducation à la diversité et au plurilinguisme[98], il convient néanmoins en bonne méthode d'avoir conscience de ce qui la sépare d'autres approches.

---

[96] Le pluriel est ici de rigueur ; il faudra en effet prendre en compte la diversité des créoles dans leurs relations de ressemblance ou de différence au français.

[97] Klein note que « l'existence de plusieurs formes de transfert est trop évidente pour être ignorée et a suscité récemment un regain d'intérêt ». Il fournit une liste de cinq points cruciaux (1989 : 40-43).

[98] Castellotti, Coste, Duverger, 2008.

Il s'agit respectivement de la didactique intégrée des langues maternelle et secondes (Roulet, 1980), des approches visant au développement d'aptitudes d'intercompréhension entre les langues romanes (Eurom4, Galatea, EurocomRom ou Galanet) ou entre langues germaniques, et enfin du courant dit *language awareness* (éveil au langage) qui a donné lieu en France à une approche baptisée « éveil aux langues ». Je m'efforcerai, en guise de conclusion, d'insister sur les différences les plus saillantes.

1. Dans le premier cas (didactique intégrée des langues maternelle et secondes), l'idée est de fonder l'enseignement-apprentissage d'une langue seconde SUR l'enseignement-apprentissage d'une langue maternelle. C'est une idée qui n'est pas nouvelle et Roulet rappelle qu' elle avait déjà été exprimée par Lancelot au XVIIe, ou Bally au début de ce siècle, qu'elle a souvent été reprise et développée dans les années 1960 et 1970, à la suite du symposium du Conseil de l'Europe, en 1972, où Hawkins, Adamcewski et moi-même avaient posé les bases d'une telle approche (2000 : 36).

   Il ajoute :

   Comme plusieurs d'entre nous le rappellent avec insistance depuis une vingtaine d'années, il est temps d'exploiter les propriétés communes des langues et des discours et de reconnaître l'apport de certaines formes de réflexions métalinguistique et métadiscursive pour développer une didactique intégrée des langues maternelle et secondes. C'est devenu une tâche encore plus pressante avec le développement dans tous nos pays des classes dites pluriethniques. Comme le relève pertinemment Chartrand (1994), « pour enseigner le français dans ces classes, ni les propositions de la didactique de

la langue maternelle ni celles des langues secondes ne sont d'emblée pertinentes. Il s'avère donc nécessaire d'opérer, sinon l'intégration, du moins à court terme, des rapprochements, entre les propositions didactiques issues des champs de la langue maternelle et des langues secondes ».
Malheureusement, force est de constater que la mise en œuvre d'une pédagogie intégrée des langues maternelle et secondes, en dépit de l'intérêt qu'elle suscite, n'a guère progressé depuis vingt-cinq ans. On peut faire l'hypothèse que, si ce courant n'a pas encore trouvé la place qui lui revient dans la didactique des langues maternelle et secondes, c'est sans doute en partie du fait d'une orientation libertaire qui embarrasse les responsables académiques et politiques, mais c'est surtout parce qu'on manquait d'un modèle de référence susceptible de fournir une représentation globale et des instruments d'analyse de l'objet discours, dans ses dimensions linguistiques, textuelles et situationnelles (Roulet, 2000, ibid.).

L'adaptation aux contextes de créolophonie que nous suggérons repose, elle aussi, sur l'idée d'exploiter les propriétés communes des langues entre langue maternelle (créole) et langue seconde (français, langue de scolarisation) en encourageant chez les enseignants une réflexion d'ordre métalinguistique mais avec cette différence essentielle qu'il ne saurait être question pour elle de SE FONDER SUR l'enseignement-apprentissage de la langue première (en l'occurrence l'un ou l'autre des créoles français) : un tel enseignement **préalable** de la langue maternelle n'existe en effet pour l'instant nulle part[99]. Pour le dire autrement, les apprenants n'ont pas été initiés à une « grammaticalisation »[100] scolaire antérieure en langue maternelle. Il n'est donc pas possible de réaliser avec eux le travail de réflexion/découverte et d'acquisition d'instruments heuristiques qu'appelle de ses vœux Roulet dans son ouvrage de 1980, travail :

devant se faire dans un premier temps sur les discours de la langue maternelle, dans le cadre de l'enseignement-apprentissage de la langue maternelle, d'abord parce que ce sont les seuls discours auxquels l'apprenant puisse appliquer son intuition, ensuite parce que ce travail de réflexion/découverte est nécessaire au développement d'une compétence discursive en langue maternelle, enfin parce qu'il constitue un préalable indispensable à tout travail de réflexion/découverte sur le discours en langue seconde[101].

2. Il est particulièrement tentant d'assimiler l'approche de la didactique adaptée du français en créolophonie à celle qui, en Europe, a donné lieu à la production d'ensembles didactiques visant au développement d'aptitudes d'intercompréhension

---

[99] Est toutefois à signaler le projet expérimental d'enseignement dans les deux langues (créole réunionnais et français) en maternelle, à la Réunion, durant trois années. Une expérience dont il est rendu compte dans l'ouvrage de Georger, 2006.

[100] Les guillemets sont employés pour distinguer cet emploi du mot de celui qui est d'usage en linguistique diachronique pour faire référence au changement de statut des mots (mot lexical > mot grammatical, etc.).

[101] Je souligne.

entre les langues romanes (Eurom4, Galatea, EurocomRom ou Galanet) ou entre langues germaniques.
Si l'on choisit de s'arrêter, pour prendre un exemple, à la méthode Eurom4 d'enseignement simultané des langues romanes, on constate que si le point de départ est effectivement le même - l'idée qu'il peut être fructueux pour le développement d'un apprentissage de prendre appui sur les ressemblances entre langues « parentes », il convient d'insister sur les différences les plus criantes :
(a) d'un côté on vise à construire une stratégie pour un apprentissage **simultané** de plusieurs langues ; de l'autre, il s'agit de tenir compte des préacquis non scolaires dans la langue première (le créole) pour enseigner le français, langue de scolarisation. Parmi ces préacquis, sont considérés comme essentiels pour la mise en place de « ponts facilitateurs » tous ceux qui peuvent être classés comme ressemblances avec le français.
(b) d'un côté, il s'agit de favoriser l'acquisition des aptitudes passives limitées à l'écrit, de l'autre, toutes les aptitudes (skills) sont visées sans limitation aucune ;
(c) d'un côté, on vise l'acquisition d'aptitudes partielles dans la mesure où ce qui est visé c'est la capacité d'entrer dans les textes plutôt qu'une compétence complète dans les langues concernées, de l'autre, il n'y a aucune limitation dans la visée.

La notion même de parenté linguistique demande à être précisée : elle n'est pas du même ordre dans les relations entre langues dont le développement fut continûment contemporain sur douze siècles et qui, pour cette raison, sont dénommées par métaphore « langues-sœurs » (langues dites romanes ou germaniques par exemple) et entre « langue-mère » (français populaire des XVIIe-XVIIIe siècles) et « langues-filles » (les différents créoles français) que séparent seulement quatre siècles. Les ressemblances entre créoles et français sont comme la trace en synchronie de relations génétiques diachroniques et sont d'autant plus importantes que les relations génétiques en cause n'ont pas encore une très grande profondeur historique.

On rappellera, à la suite de Marchello-Nizia (1999 : 15), que les langues romanes ne ressemblent que fort peu à leur ancêtre commun, le latin (« latin vulgaire »), dont elles se distinguent par plusieurs traits fondamentaux communs, qui sont le fruit d'une évolution. Parmi les différences essentielles, on peut noter la place du verbe : alors que le latin préférait le verbe final, les langues romanes placent très majoritairement le verbe entre le sujet et l'objet nominaux. Ces langues (le roumain faisant exception) ne déclinent plus leurs noms ; en revanche toutes les langues romanes déclinent leurs pronoms personnels, leurs pronoms relatifs, les interrogatifs … Au niveau inférieur, l'ordre des constituants du groupe nominal et l'ordre des constituants du groupe verbal sont également profondément différents : les langues romanes placent généralement devant le nom les éléments tels qu'adjectif, possessif, démonstratif (*le/mon/ce grand livre*) que le latin postposait souvent au nom. Les langues romanes, contrairement au latin, possèdent articles ou déterminants définis, indéfinis ou partitifs. Les

formes verbales sont devenues bien plus « analytiques » qu'en latin : celui-ci ne connaissait qu'un auxiliaire, *être* ; presque toutes les langues romanes en possèdent en général au moins un second, en général *avoir*.
Pour expliquer que les langues romanes aient en commun tant de traits, tant de ressemblances (en étant toutes fort différentes du latin), a été formulée l'hypothèse d'un ancêtre qui leur est commun à toutes, dénommé « proto-roman », dont on n'a aucune attestation et que l'on ne peut imaginer que par reconstruction. C'est, dans la chronologie des changements, élaborée grâce à des recoupements, fondés sur les ressemblances, qui existent entre les différentes langues, une étape qui se situe avant le IIIe siècle, c'est-à-dire avant l'autonomisation en différentes langues, avant que la « Romania »[102] ne se scinde en quelques siècles, en des pays dont l'histoire a divergé.

3. L'éveil aux langues est, comme l'indique Candelier (2005 : 417) :

> Une démarche caractérisée par des activités pédagogiques portant simultanément sur de nombreuses langues - y compris des langues que l'école n'a pas l'intention d'enseigner- ainsi que sur la diversité elle-même des langues et des cultures. […] les connaissances, aptitudes visées par les activités se décomposent en objectifs précisément définis, en correspondance avec les besoins et les capacités des élèves.

---

[102] Ensemble des territoires de langue romane.

Cette présentation[103] suffit à montrer ce qui sépare la didactique adaptée, de l'éveil aux langues : dans le premier cas, la visée n'est ni d'éveil à différentes langues vivantes, ni d'éducation à la diversité et au plurilinguisme[104]. Elle est, plus modestement, d'améliorer la connaissance de la langue de scolarisation. Si le français se présente effectivement au départ pour certains enfants comme une langue vivante étrangère, son statut de langue de scolarisation et/ou de langue officielle lui confère rapidement une position autre. Les « activités » ne portent pas, même de façon partielle, sur des langues que l'école n'a pas l'ambition d'enseigner. Elles portent sur le français, qui est présenté à des fins de facilitation dans ses ressemblances, puis dans ses divergences graduelles avec le créole. Les enfants ne sont pas invités à effectuer explicitement un travail comparatif[105], à cultiver la réflexion sur le langage et les langues, à mettre en relation les langues pour en comprendre le fonctionnement : c'est en priorité aux enseignants et aux concepteurs de matériels didactiques qu'il est suggéré de poursuivre ou d'effectuer un tel travail comparatif/contrastif/réflexif en vue de tirer profit des ressemblances entre créole(s) et français pour

---

[103] Pour une présentation moins succincte, on se reportera aux références auxquelles renvoie Candelier lui-même dans sa note de bas de page 1 (2005 : 417).

[104] Il va sans dire que de nombreux bénéfices autres sont (théoriquement) à attendre de l'approche préconisée. Une telle démarche conduirait par exemple les locuteurs des créoles (en premier lieu les enseignants et leurs élèves) à mieux connaître leurs idiomes nationaux et à juger de façon plus exacte et, par là, plus sereine de la relation de ces parlers avec le français, pour reprendre le propos de Chaudenson (2006, op. cit.).

[105] Au fur et à mesure qu'ils grandissent, ils sont amenés à comparer, à réfléchir, à mettre en relation, comme tout bilingue et rien n'empêche alors de guider cette réflexion métalinguistique.

bâtir des progressions d'enseignement qui prennent appui sur les préacquis langagiers des enfants, au lieu de les considérer systématiquement comme des obstacles à l'apprentissage du français.

Parions que cela vaut le détour tant pour les enseignants que pour leurs élèves, tant pour le créole que pour le français !

Bibliographie

Arrivé, M., Gadet, F., Galmiche, M. 1986. *La grammaire d'aujourd'hui. Guide alphabétique de linguistique française.* Paris : Flammarion.

Bertrand, Y. 1989. « Un nouveau débouché pour l'allemand : « L'apprentissage réflexif d'une langue inconnue » dans le cursus français langue étrangère » ». In *Nouveaux cahiers d'allemand* 1989/4. Nancy : Presses universitaires de Nancy. pp. 359-377.

Benveniste, E. 1974. « L'antonyme et le pronom en français moderne ». In Benveniste, E. *Problèmes de linguistique générale II.* Paris : Gallimard. pp. 197-214.

Blanche-Benveniste, C. 2003. « L'orthographe ». In Yaguello, M. (eds.). *Le grand livre de la langue française.* Paris : Seuil. pp. 345-389.

Berchoud, M.-J. 2002. « Le 'journal d'apprentissage' : analyse et résultats d'une pratique de formation de futurs enseignants ». In *Recherche et formation.* 39. Lyon : INRP. pp. 143-158.

Candelier, M. 2005. « Une approche plurielle des langues et des cultures au service de l'extension des compétences linguistiques ». In Prudent, L.-F., Tupin, F. & Wharton, S. (eds.). *Du plurilinguisme à l'école. Vers une gestion coordonnée des langues en contextes éducatifs sensibles*. Berne : Peter Lang. pp. 417-436.

Castellotti, V., Coste, D., Duverger, J. 2008. *Propositions pour une éducation au pluringuisme en contexte scolaire*. Association pour le développement de l'enseignement Bi/plurilingue. Equipe de recherche Dynadiv. Université François Rabelais. Tours. (document non publié).

Catach, N. 1986. *L'orthographe française. Traité théorique et pratique avec des travaux d'application et leurs corrigés*. Paris : Nathan.

Cerquiglini, B. 2007. *Une langue orpheline*. Paris : Editions de Minuit.

Chaudenson, R. 2003. *La créolisation : théorie, applications, implications*. Paris : L'Harmattan.

Chaudenson, R. 2006. « De la coexistence au partenariat des langues dans l'espace francophone. Un cas exemplaire : créoles (français et portugais) et langues européennes (français et portugais) ». In Fattier, D. (eds.). *Vers une didactique du français en milieu créolophone. Etudes créoles* 28/1 et 2. Paris : L'Harmattan. pp. 89-128.

Chaudenson, R. 2006. « Projet : Didactique du français en contexte créolophone ». In Fattier, D. (eds.). *Vers une didactique du français en milieu créolophone. Etudes créoles* 28/1 et 2. Paris : L'Harmattan. pp. 129-135.

Chaudenson, R. 2007. *Français et créoles : du partenariat à des didactiques adaptées*. Paris : L'Harmattan.

Fattier, D. 1995. « Une si proche étrangère (quelques remarques à propos de la genèse du sous-système des pronoms personnels du créole d'Haïti) ». In Fattier, D. et Gadet, F. (eds.). *Situations du français*. Linx. 33. Centre de recherches linguistiques. Université de Paris X-Nanterre. pp. 135-153.

Fattier, D. 2006. « Linéaments d'une synthèse contrastive à propos du couple créole haïtien-français à l'intention des enseignants ». In Fattier, D. (eds.). *Vers une didactique du français en milieu créolophone. Etudes créoles* 28/1 et 2. Paris : L'Harmattan. pp. 89-128.

Fattier, D. et Sörés, A. 1999. « L'ordre des mots en haïtien : une introduction ». *Etudes créoles* 22/2. Paris : L'Harmattan. pp. 48-56.

Georger, F. 2006. *Créole et français : deux langues pour un enseignement. Réflexions à partir d'une classe maternelle bilingue à la Réunion*. Île de la Réunion, Saint-Paul : Editions Tikouti.

Grandcolas, B. 1994. « Les journaux de bord : champ bibliographique et pistes de lecture ». In Actes de la journée d'études du 29 novembre 1994. *Les journaux de bord d'apprenants de langues. Objets de recherches et de questionnements théoriques*. Groupe *Jan Comenius* de recherches en linguistique et didactique des langues. Université de Paris X- Nanterre. pp. 7-14.

Greenberg, J. H. 1963 (2e éd. 1966). « Some Universals of Grammar with Particular Reference to the Order of Meaningful Elements». In Greenberg, J. H. (eds.). *Universals of Language*. Cambridge : The MIT Press. pp. 58-90.

Klein, W. 1989. *L'acquisition de langue étrangère*. Paris : Armand Colin.

Laks, B. 1996. *Langage et cognition*. Paris : Hermès.

Lodge, R. A. 1993. *Le français. Histoire d'un dialecte devenu langue*. Paris : Fayard.

Maïga, A. (eds.). 2007. *Le français dans les aires créolophones. Vers une didactique adaptée*. Paris : L'Harmattan.

Marchello-Nizia, C. 1999. *Le français en diachronie : douze siècles d'évolution*. Paris : Ophrys.

Meillet, A. 1982 [1905-1906]. « Comment les mots changent de sens ». Meillet, A. *Linguistique historique et linguistique générale*. Genève-Paris : Slatkine-Champion. pp. 230-271.

Molinié, M. 2006. *Une approche biographique des trajectoires linguistiques et culturelles. Le Français dans Le Monde* (Recherches et applications). 39. Paris : CLE international.

Porquier, R. 1994. « Le journal de bord dans l'univers des langues et de leur apprentissage ». In Actes de la journée d'études du 29 novembre 1994. Op. cit. pp. 3-5.

Roulet, E. 1980. *Vers une pédagogie intégrée des langues maternelle et secondes*. Paris : Hatier.

Roulet, E. 2000. « La description de l'organisation du discours dans le cadre d'une didactique intégrée des langues maternelle et secondes ». In *Le Français dans le Monde* (Recherches et applications). N° spécial. *Une didactique des langues pour demain*. Actes du Colloque International du Crapel (Nancy 27-29 mai 1999). pp. 34-41.

Trévise, A. 1994. « Activités métalangagières et acquisition/apprentissage des langues. Quelques réflexions à l'issue de la journée sur les journaux de bord ». In Actes de la journée d'études du 29 novembre 1994. Op. cit. pp.21-32.

Valdman, A. 1988. *Ann parle kreyòl. An Introductory Course in Haitian Creole*. Bloomington : Indian University (Creole Institute).

Vasseur, M.-T. 1989. « Journal de bord, réflexivité et appropriation d'une langue étrangère ». In Actes de la journée d'études du 29 novembre 1994. Op. cit. pp. 17-19.

STATUT DU FRANÇAIS ET DIDACTIQUE DE LA PRODUCTION ECRITE EN TUNISIE. POINT DE VUE DE FORMATEURS

Colette Corblin[106] & Jacques David

Université de Cergy-Pontoise
UMR CNRS MoDyCo
Paris-Ouest-Nanterre-La Défense

Université de Cergy-Pontoise
EA 1392 CRTF, pôle LaSCoD,
F-95 000 Cergy-Pontoise

La présente étude donne un témoignage sur l'enseignement du français en Tunisie, du point de vue de deux formateurs en sciences du langage qui y ont animé plusieurs sessions de formation en didactique du français, entre juin 2003 et septembre 2007. Elle se présente également comme une contribution à une réflexion plus large sur la didactique du français langue étrangère (désormais FLE) ou seconde (FLS)[107], ou mieux du français langue de scolarisation (FLSco) ou d'enseignement. De fait, notre projet n'est pas de revoir les fondements épistémologiques des paradigmes du FLE, du FLS ou du FLSco, mais de partir du point de vue qui

---

[106] colette.corblin@free.fr et Jacquesdavid@iufm-u-cergy.fr

[107] Les enseignements des langues vivantes étrangères, en particulier l'enseignement du français, ont été redéfinis en matière d'horaires et d'objectifs en 2005 ; mais un plan de rénovation pluriannuel spécifique pour la langue française, *Programme de rénovation de l'enseignement du français dans le système éducatif tunisien* (PREF-SET), a été mis en œuvre dès 2003.

est le nôtre, celui des sciences du langage et de la formation des enseignants de français, conçues de façon ouverte à l'étude complémentaire : i) des systèmes linguistiques impliqués, ii) des procédures d'apprentissage et iii) des contraintes politiques, culturelles, sociologiques... à l'œuvre dans les contenus et méthodes d'enseignement des langues, en général, et du français, en particulier dans la situation plurilingue de la Tunisie.

On considèrera tout d'abord que, dans le contexte tunisien, le statut et l'enseignement du français sont spécifiques, en termes d'objectifs, de contenus et de compétences visées, car cette langue n'y est véritablement ni tout à fait une langue étrangère, ni encore une langue seconde (ou troisième[108]), et plus vraiment une langue maternelle ou première. Car, selon les distinctions déjà proposées en 1987 par Besse, une langue seconde ou étrangère peut être définie par ses contextes d'apprentissage ; elle est « seconde », lorsqu'elle est acquise postérieurement à la langue maternelle ; elle est « étrangère », quand elle n'est pas la langue commune ou la plus partagée socialement, culturellement, y compris entre les pairs dans l'institution scolaire. Le français se trouve ainsi, aujourd'hui, dans une situation intermédiaire, surtout si l'on considère les générations actuelles d'élèves de l'école primaire au lycée, et même des étudiants à l'université. C'est la raison pour laquelle nous préférons, à l'expression, tout en nuance, de « langue étrangère privilégiée », utilisée par le ministère de l'Education tunisien, celle de « langue de scolarisation ».

[108] Troisième, si l'on compte auparavant l'apprentissage familial de l'arabe tunisien, et ensuite de l'arabe « littéral », forme standardisée de l'arabe « classique », plus écrite qu'orale et commune aux pays arabophones ; c'est cette forme standard de l'arabe qui est enseignée au début de l'école primaire pour la lecture-écriture.

Le français est cependant qualifié dans les programmes scolaires tunisiens de « première langue vivante », ce qui lui confère un statut de langue vivante à part - spécificité relevée pour d'autres pays du Maghreb[109] -, mais qui n'a pas de description réelle dans le domaine de la linguistique appliquée, en didactique des langues ou en sociolinguistique. Les programmes de l'école primaire spécifient, en tête du chapitre « Langues vivantes » (article 9 de la loi d'orientation du 23 juillet 2002), que « l'école est appelée essentiellement à donner aux élèves les moyens : de maitriser[110] la langue arabe, en sa qualité de langue nationale, et de maitriser deux langues étrangères au moins », le français « étant la première langue étrangère étudiée par l'élève tunisien, le français devra contribuer à sa formation intellectuelle, culturelle et scientifique ».

Le cadre étant posé, nous pourrons dès lors présenter une revue synthétique de l'usage du français dans la société tunisienne et dans ses cadres scolaires, puis un compte rendu des principaux objectifs et programmes d'enseignement. Ensuite, plusieurs exemples analysés montreront les principales sources de difficultés rencontrées par les élèves, notamment dans des situations de production écrite (liées aux évaluations de 6e année), ainsi que dans l'élaboration des cours de français par des enseignants plus ou moins expérimentés. Nous verrons ainsi que de nouvelles questions surgissent dans les modalités d'enseignement du français, langue de scolarisation en Tunisie.

---

[109] Pour la situation du français enseigné au Maroc, voir par exemple Bourdereau, 2006.

[110] L'article applique les Rectifications de l'orthographe proposées par le Conseil supérieur de la langue française et entérinées par l'Académie française, *Journal officiel*, n° 100, du 06-12-1990.

Les usages du français en Tunisie

Dans la société tunisienne

Comme nous l'avons déjà rapidement signalé, la langue d'usage majoritaire en Tunisie, la première langue que chaque locuteur acquiert en milieu naturel, est l'arabe tunisien, variante dialectale de l'arabe « maghrébin », dans une catégorisation linguistique qui oppose cette famille aux parlers arabes orientaux. Il s'agit donc d'une langue vernaculaire du Maghreb, sans codification orthographique stable, et qui, de ce double point de vue, se distingue de l'arabe écrit, standard ou littéral, (Caubet, 1999).

Dans la société tunisienne, la présence de la langue française est loin d'être homogène sur l'ensemble du territoire, et son usage effectif dans les échanges quotidiens ou institutionnels (notamment à l'école) varie également selon des plans idéologique, politico-historique, sociologique et culturel, des plans qui transcendent aujourd'hui la simple différenciation géographique. Si, dans le contexte tunisien, l'histoire coloniale a pesé sur l'évolution des politiques linguistiques et éducatives, la référence au français, surtout dans ses formes écrite et littéraire, domine toujours les sphères culturelles, les élites intellectuelles, les responsables politiques ; elle conserve en ce sens une fonction de distinction socioculturelle fortement établie, qui caractérise nombre de situations postcoloniales en Afrique francophone. Ainsi, aux facteurs extralinguistiques, expliquant majoritairement les variantes diatopiques toujours présentes, nous devons ajouter aujourd'hui une évolution diaphasique, combinée à une récente mais forte variation générationnelle, qui préfigure une nouvelle diachronicité du français en Tunisie.

Dans une synthèse en trois axes, Veltcheff (2006) montre en substance que les disparités géographiques du français suivent l'opposition entre le nord et le sud. Dans le nord, fortement urbanisé, au sein de villes comme Bizerte ou Tunis[111], la population s'exprime à travers des activités langagières culturellement plus cosmopolites ; il s'y parle donc davantage français qu'au sud, dans des villes comme Sfax, et plus encore dans le grand sud-ouest tunisien, dans les régions de Gafsa ou de Tozeur. Dans les grandes villes du nord, la scolarisation est également mieux organisée, plus étendue, avec en amont de nombreux jardins d'enfants privés, en pleine expansion depuis 2000, avec des pratiques pédagogiques empruntées au modèle des écoles maternelles de France, et souvent en langue française ; et en aval, une forte demande d'inscriptions dans les lycées français, et dans les Centres de langue des Institut français, qui voient leurs effectifs plus que doubler entre 2000 et 2006.

Mais ces écarts diatopiques en doublent d'autres, plus sociologiques, car ce sont essentiellement les classes élevées et moyennes, financièrement aisées, qui recourent au français. Sans toujours pratiquer le français au quotidien, elles choisissent cette langue afin d'assurer l'avenir scolaire et professionnel de leurs enfants. Les enquêtes sociolinguistiques confirment cette évolution récente ; l'usage du français se présente dans une sorte de continuum avec l'arabe dialectal, un continuum qui varie selon les classes sociales, les habitus culturels, mais aussi désormais les générations. Se déploie ainsi, aujourd'hui, un interlecte diversement reconnu et valorisé, qui trouve

---

[111] De fait, la capitale, Tunis, et les communes qu'elle agrège, regroupent les deux tiers de la population totale du pays.

une expression jusque dans la littérature[112], la chanson, le cinéma et les médias de la radio et de la télévision.

Plusieurs radios (Mosaïque FM, Radio TounesBledi, ou Jawhara FM dans la région de Sousse) utilisent cet interlecte, parce qu'elles s'adressent à des générations de jeunes auditeurs qui s'identifient à des formes culturelles modernes et souvent très européanisées. On constate, par exemple, que les jeunes Tunisiens, n'ayant pourtant jamais vécu en France, ont intégré dans l'interlecte arabo-français le vocabulaire et surtout les intonations, les accentuations, le phrasé des jeunes locuteurs des banlieues françaises. Un français tunisien plus ou moins « branché » se développe ainsi en réponse à une demande d'expression culturelle, analogue à celle des jeunes de France.

Avec la télévision, la langue de France arrive directement avec la plupart des chaines françaises que peuvent recevoir les Tunisiens ; mais ce sont principalement les classes hautes et moyennes de la bourgeoisie, en essor dans les zones urbaines, qui les regardent ; les classes populaires préfèrent les chaines transmises par satellite depuis le Moyen-Orient, avec le bouquet Arab-sat et manifestent une nette préférence pour les feuilletons égyptiens.

De ce bref panorama, nous pouvons constater que le français est utilisé de façon très inégale, parfois en usage complémentaire de l'arabe tunisien parlé ou de l'arabe standard écrit, dans des formes interlectales où varient essentiellement le lexique et la prosodie à l'oral, et

---

[112] A l'exemple d'écrivains contemporains comme Ali Bécheur (*Tunis Blues*, Tunis, éd. Clairefontaine, 2002 ; *Le Paradis des Femmes*, Tunis, éd. Elyzad, 2006 ; *L'Attente*, Tunis, éd. Cérès, 2007) qui associe l'arabe dialectal au français, lui donnant ainsi une certaine légitimité au plan littéraire mais aussi orthographique.

l'orthographe dans la publicité affichée ou télévisuelle, et dans les messages écrits (SMS, courriels). Au-delà, le français reste encore une langue d'usage, mais d'un usage circonstanciel et restreint, au sein de groupes sociaux économiquement aisés et culturellement informés, qui voient dans la maitrise du français (mais aussi dorénavant de l'anglais) un fort enjeu de réussite sociale.

Dans l'univers scolaire

Dans le cursus scolaire, le français est enseigné dès la troisième année de l'enseignement primaire (8 ans), soit pendant quatre ans à l'école primaire. Il est ensuite approfondi durant les trois années du collège, à raison de 6 à 8 heures par semaine. Au lycée, le français, censé être maitrisé, sert de langue d'usage, ou plutôt de langue d'enseignement, car la plupart des cours dispensés en français, notamment pour les disciplines scientifiques, montrent que cette langue possède dès lors une place et une fonction déterminantes, qui transcendent la simple acquisition d'une langue seconde.

On constate ainsi, durant ce cursus scolaire, que le français évolue dans son statut même. Il est d'abord une langue étrangère qui oscille entre une fonction d'usage (en relation avec les activités de lecture et d'écriture) et une fonction d'objet, au sens d'objet d'enseignement, à travers des activités métalinguistiques proches de celles du cursus français (voir *infra*) ; les élèves apprennent ainsi un français conçu comme une langue de communication au primaire et au collège. Il est par la suite utilisé comme une langue d'enseignement (ou médium de scolarisation) au lycée et à l'université, principalement pour les disciplines qui nécessitent le recours à des formulations linguistiques abstraites, mais aussi à des vocabulaires de spécialités que n'offrent pas toujours, ni l'arabe tunisien dialectal, ni l'arabe standard classique.

Comme nous l'avons déjà remarqué antérieurement (David & al., 2006), le rapport que l'élève entretient à cette langue étrangère « privilégiée » - ou de scolarité surtout au secondaire et à l'université - est souvent complexe et génère des apprentissages plus ou moins assumés. Ainsi, les jeunes Tunisiens vont apprendre ce français comme une langue seconde (ou troisième), en l'opposant - mais aussi en l'associant - à leur langue première, avec pour conséquence une diglossie scolairement instituée, si ce n'est reconnue et maitrisée ; une diglossie qu'ils vont vivre dans tous les apprentissages scolaires, et de façon plus prégnante ou contraignante qu'à l'extérieur de l'école. La plupart des élèves tunisiens considèrent ainsi qu'ils maitrisent toujours moins bien le français que l'arabe dialectal[113] car, pour eux, conquérir l'aisance communicative requise en français pour l'utiliser ensuite comme langue d'usage scolaire, dans un contexte largement arabophone, constitue une tâche difficile, et pour le moins un investissement linguistiquement trop long et parfois culturellement pesant.

Aujourd'hui, en effet, la norme linguistique du français est peu discutée dans les apprentissages langagiers, tout du moins dans ceux dispensés dans cette langue. Le français est toujours considéré comme unique et les variantes ou traces de cet interlecte arabo-français sont traquées dans les verbalisations des élèves et notées comme fautives

---

[113] C'est aussi souvent le cas de nombreux enseignants du primaire, conscients que leur maitrise du français, généralement liée à celle de la fin de leur scolarité secondaire, ne leur permet pas toujours d'ouvrir leur pédagogie vers des pratiques d'expression orale étendue ou de production écrite dépassant la simple imposition de la norme orthographique.

dans leurs écrits. Comme nous le verrons par la suite, il est symptomatique de constater que ces écarts sont souvent perçus comme des interférences de l'arabe au français, plus rarement comme des erreurs d'apprentissage inévitables dans des tâches langagières complexes, comme l'est la production de texte. De ce point de vue, il nous semble important d'aider les élèves - et donc leurs enseignants - à ne pas limiter les apprentissages langagiers au seul rapport à la langue, surtout dans les formes les plus figées du français, mais de prendre également en compte les parlers effectifs des élèves (qui sont souvent proches de ceux de leurs maitres). Dans son étude sur l'évolution du français langue seconde en Afrique, et de ses fonctions d'enseignements actuelles, Spaëth constate que :

> *La question de la prise en compte de norme(s) endogène(s) répond effectivement à une véritable réalité sociolinguistique, susceptible d'augmenter la motivation à l'apprentissage. Elle se doit cependant d'être examinée à l'aune des objectifs assignés au français à l'école : langue de scolarisation, langue d'accès aux nouvelles technologies, langue internationale. (2004 : 190).*

Dans la même perspective, il nous semble important de valoriser les variétés de français parlées dans ce continuum avec l'arabe, non pour en stigmatiser les écarts par rapport aux normes respectives des langues impliquées, mais pour décrire les fonctionnements cognitifs sous-jacents et formuler des propositions didactiques qui distinguent le langagier du linguistique, et clarifient les objectifs dans les deux champs, des objectifs qui ont été et restent encore aujourd'hui trop souvent confondus.

Pour ce faire, nous devons également analyser les contenus des programmes scolaires, mais aussi des cursus de formation en rapport, pour avancer vers des enseignements-apprentissages des langues mieux définis à tous les plans.

Des programmes d'enseignement conçus par compétences

Les programmes tunisiens du primaire comme du secondaire sont rédigés en termes de compétences à évaluer à la fin de chacun des cycles d'apprentissage. Ce qui explique l'importance (parfois démesurée) des situations et des moments d'évaluation linguistique dans le cursus scolaire.

Pour illustrer ce phénomène, si nous prenons la cinquième année (équivalent du CM2 en France[114], accueillant des élèves de 10 ans), nous remarquons que les textes et les consignes sont très proches de ceux élaborés pour la discipline français en France. Il est demandé, par exemple, aux élèves de « Produire un énoncé pour raconter un évènement que l'on a observé pour en informer un destinataire donné ». Or cette tâche suppose la mobilisation de plusieurs capacités et connaissances, généralement difficiles à coordonner, y compris pour un rédacteur expert (Bronckart, 1996 ; Fayol, 1997) : rappel en mémoire des évènements-actions, cohésion spatio-temporelle, référence au contexte d'énonciation, progression textuelle, distribution en paquets de propositions ou phrases, choix lexicaux et mise en forme orthographique... On peut donc s'interroger sur l'accumulation des objectifs dévolus à cette tâche - et au-delà aux programmes qui la portent - et la difficulté de les

---

[114] De fait, la sixième année du primaire tunisien (accueillant des élèves de 11 ans), correspond à la première classe du collège en France.

distribuer en autant de compétences et sous-compétences évaluables en termes d'habiletés de communication orale et écrite, comme en termes de connaissances linguistiques.

Pourtant, concernant les composantes de la compétence terminale liée à la production d'écrit en 3e et 4e années (l'équivalent du cycle 3 de l'école primaire en France), l'écriture en projet est prescrite comme modalité d'apprentissage : « L'initiation à la production écrite se fera dans le cadre de projets d'écriture. Ainsi, l'élève développera un savoir-écrire à travers des activités de planification, mise en texte et révision »[115], un savoir-écrire lui-même lié à la maitrise de connaissances essentiellement déclaratives. Ainsi, la compétence C3 : « Correction linguistique » prévoit que l'élève « agence correctement les mots dans la phrase produite, respecte les accords étudiés au programme (4e année), écrive correctement les formes verbales étudiées (4e année), utilise la ponctuation forte » (Id. : 33). De même, « La production des énoncés pour rendre compte d'un évènement de la vie quotidienne » est associée à des savoirs linguistiques comme : « Les articulateurs temporels étudiés, la structure du texte narratif, les caractéristiques du dialogue (tirets-répliques), les adjectifs, la comparaison, les accords (étudiés), la ponctuation forte… » (Id. : 25). Les classes, catégories et fonctionnements grammaticaux sont alors regroupés dans des ensembles d'habiletés linguistiques, réalisées au niveau de la séquence textuelle (David, 2005).

Pour ce faire, ces programmes de français organisent les contenus disciplinaires autour de trois volets : i) les

---

[115] Cf. *Programmes officiels « Français ». Deuxième degré de l'enseignement de base*, Tunis, éditions du ministère de l'Education et de la Formation, septembre 2006, p. 27.

contenus grammaticaux, définis en catégories morphosyntaxiques ; ii) les contenus discursifs, définis en termes d'objectifs de communication ; iii) les contenus lexicaux, définis en fonction des thèmes du programme. Il existe ainsi, toujours, une liste plus ou moins finie de savoirs et de notions linguistiques (colonne des « Contenus et supports ») nécessaires pour acquérir une habileté d'écriture et l'intégrer à un objectif de communication.

Cette mise en œuvre des faits de langue dans les programmes tunisiens rappelle celle des programmes de 2002 pour l'école primaire française. Cependant, en France, elle vise la maitrise de la langue première dans ses composantes essentiellement écrites, à partir d'une compétence linguistique orale déjà acquise, ou supposée telle[116]. De ce point de vue, ces prescriptions s'appuient sur un ensemble de recherches en didactique du français langue maternelle et du FLE, ou du FLSco, qui s'attachent à décrire des phénomènes, des structures, des fonctionnements linguistiques dans des catégories unifiantes, valant pour différents contextes langagiers, voire des mécanismes cognitifs transversaux, tels le rappel en mémoire à long terme, l'attention et le maintien en mémoire de travail, l'articulation logique des informations, le transfert des connaissances et compétences, etc. en autant de procédures ou d'opérations linguistiquement descriptibles dans le fonctionnement de la langue et des discours : les dénominations-reprises

[116] « Supposée », car l'intention est souvent loin de la réalité, comme en attestent aujourd'hui de nombreux travaux sur les écarts constatés dans des établissements scolaires français, de quartiers pudiquement qualifiés de « défavorisés », et qui tentent de scolariser des élèves allophones (Chiss, dir., 2008) possédant des pratiques langagières éloignées des attentes scolaires (Lahire, 1993).

nominales, pronominales, associatives, déterminatives... les connexions-segmentations de propositions, de phrases, de paragraphes... les progressions temporelles, logiques, argumentatives... les procédés génériques, stylistiques...

Or, il s'agit d'objectifs d'enseignement déjà difficilement réalisables en français langue maternelle ou première, comme en France (Bertucci & Corblin, 2004). On ne peut donc que s'interroger sur leur adéquation à des élèves non francophones d'origine, qui présentent une très grande disparité de maitrise du français dans ses composantes élémentaires, notamment au plan morphosyntaxique, à l'abord de ces apprentissages particulièrement complexifiés en production écrite.

A titre d'illustration, nous analyserons l'exemple d'un texte écrit dans l'un de ces contextes d'évaluation passée par des élèves au cours de leur sixième année primaire.

Analyse linguistique et discursive d'un récit d'élève

Problèmes de maitrise et d'interférence morphosyntaxiques

D'un corpus comprenant une cinquantaine d'écrits produits au mois de mars, par des élèves de plusieurs classes de sixième primaire, nous avons extrait ceux de Larbi et d'Akrem :

> Les élèves devaient écrire la suite d'un texte avec la consigne suivante : *« Imagine la suite et la fin de l'histoire. Ecris 8 phrases au moins ».* Voici le texte initial donné comme amorce à la production du récit :
>
> *Paul, un jeune garçon de douze ans, habite dans une jolie maison située au bord d'une immense forêt.*

Aujourd'hui, son père et sa mère sont allés en ville rendre visite à des amis. Avant de partir, maman a donné les clés de la maison à Paul et lui a demandé de rester sage.

Maintenant, le jeune garçon est dans la salle de séjour. Il prend un livre, s'installe dans un fauteuil et commence à lire. Le livre n'est pas intéressant ; il le pose et allume la télévision. Il y a un film policier et Paul n'aime pas les films policiers. Le pauvre garçon s'ennuie beaucoup et ne sait pas quoi faire. Soudain, il a une idée. Il décide d'aller à la forêt cueillir des champignons pour sa maman qui les aime beaucoup. Il prend un panier, ferme la porte à clé et part.

Un moment plus tard, les parents arrivent...

Et les suites narratives proposées par deux élèves[117] :

Larbi

Un moment plus tard les parent
arrivent.
Tout à coup La mère et le père retourne
dans la maison ne trovue pas baul
La mère et le père rèstent devant la maison
ils attend.
Tout à coup baul arrivent
La baul dit : bardon maman
maman je ne rebet pas sa faute.

Akrem

Les parents arrivent, il frappe sur la porte
mais Paul ne ouvre pas.
Les parent sont (se taune) s'étonnes. Ils dit :
- Ou est son petit garçon ?

---

[117] L'orthographe et la mise en page originales ont été conservées.

Soudain, ils voit Paul qui arrive et dans
la mains les champignons qui a aime la ére.
La mére dit :
- Ou est tu va ?
- Je va aux a la forêt pour cueillir le (champginion)
champignons qui a aime beaucoup.
Paul donne les clés et les parents (so) rentrent à la maison.

Les erreurs produites relèvent principalement du domaine morphosyntaxique[118], comme dans les énoncés suivants :

(1) Le père et la mère *retourne dans la maison… La mère et le père rèstent devant la maison... (Larbi)

(2) Il frappe sur la porte... Ils dit... ils voit Paul... (Akrem)

(3) Ou est tu va ? je va a la foret (Akrem)

Les hypothèses avancées dans ce type d'écart ou d'hésitation (puisque le deuxième verbe *rèstent*, est accordé) tiennent, bien évidemment, à l'absence de marquage *-nt* du verbe avec un sujet multiple, une absence confortée par une homophonie difficilement détectable, et que l'on retrouve avec une haute fréquence dans les productions écrites d'élèves francophones d'origine au même âge, et au-delà (Brissaud & Sandon, 1999 ; Brissaud & Chevrot, 2001 ; Cogis, 2001 ; Manesse & Cogis, dir., 2007). Mais le décalage qui existe entre les systèmes morphosyntaxiques des deux langues, le français

---

[118] Il existe probablement des erreurs phonologiques caractéristiques des interférences de l'arabe au français (mais c'est encore à prouver), et qui pourraient avoir un impact sur l'encodage phonographique : **baul/Paul, *bardon/pardon, *rebet/refait...*

et l'arabe, concerne également le marquage de la personne et du genre.

Ainsi pour Larbi en (1), la notion de pluriel syntaxique et sémantique (par coordination de deux SN : *le père et la mère*) en français ne recouvre pas les traitements sémantiques qu'en font d'autres langues, et notamment en arabe où la catégorie du duel se distingue de celle du pluriel dans la morphologie verbale, et où la conjugaison des verbes arabes distingue, dans ce cas, le féminin du masculin.

Le trouble doit être encore plus grand en (2), lorsque Akrem doit traiter un pronom plus ou moins pluriel (*il/ils*) dans le marquage des verbes qui suivent (*frappe*, *dit, voit*), où le *-nt* de la 6e personne est évacué, comme l'est le genre en français. Il semble que pour cet élève la distinction du genre n'existant pas pour les formes verbales[119], il est également logique de l'omettre pour le nombre à la même personne. Nous pouvons dès lors parfaitement comprendre que, pour cet élève, « père et mère » forment un duel et ne correspondent donc pas à un sujet pluriel.

Sur d'autres composantes morphosyntaxiques, et notamment en (3), les erreurs dans le maniement des formes verbales témoignent également d'une relative imprécision caractéristique du rapport entre l'arabe (dialectal ou standard) et le FLSco. Dans ce cas, Lakrem restitue des formules déjà rencontrées : « où es-tu ? », « où vas-tu ? », « où est-ce que tu vas ? » qui s'imbriquent ou s'annulent parce que ni le verbe ni la structure ne sont réellement reconnus. L'erreur de la reprise qui suit (*je va*) montre, encore mieux, que l'élève s'exprime dans une

---

[119] Sauf pour les participes passés, mais de façon inaudible avec les verbes en participe passé en *-é* ou en *-u* (David et al., 2006).

langue qui lui est encore très étrangère ; on n'imagine guère qu'un sujet francophone natif émette cette forme, à l'oral comme à l'écrit, surtout lorsque celle-ci correspond à des emplois fréquents.

Nous pourrions étendre l'étude de ces deux textes, et de dizaines d'autres, à d'autres aspects, notamment la manipulation des déterminants (*Ou est *son petit garcon... pour cueillir *le champignons…*) et à celle des prépositions post-verbales (*La mère et le père retourne *dans la maison... il frappe *sur la porte... Je va *aux a la forêt*) ; mais la place nous manque pour analyser tous ces écarts caractéristiques. Il faudrait également étendre ce type d'étude pour décrire précisément, et tenter d'expliquer, les écarts liés aux interférences interlectales du français et de l'arabe, dans le cadre de l'enseignement du FLE ou du FLS, mais aussi dans le cas des élèves allophones nouvellement arrivés des pays du Maghreb (Makhlouf et al., 2006).

Problèmes de maitrise des temps verbaux

D'autres textes du même corpus montrent que les erreurs liées à la morphosyntaxe verbale s'étendent à la formation des temps composés, notamment avec les deux auxiliaires concurrents du français, et ont inévitablement des répercussions sur la cohésion temporelle du récit. Ainsi, les passés composés des extraits suivants apparaissent maladroitement formés à plusieurs reprises, et dans le même texte ; mais ce qui gêne davantage le lecteur c'est une mise en place chronologique défectueuse qu'engendre l'emploi de ces temps :

(4) La porte est bien fermé. Ils comprennent que Paul *a sorti…

(5) Les parents attendent beaucoup. Soudain le petit garçon est venu très gaiement. Pourquoi tu *as sorti ?

Les programmes tunisiens mentionnent pour cela l'étude de trois temps (en fait les « époques ») du français : le présent, le passé et le futur. Or référer au passé comme « époque » implique de devoir recourir au passé composé, certes, mais aussi à l'imparfait, voire au passé simple avec ce genre de fiction narrative. Pour ce faire, le français offre la possibilité de choisir entre six paradigmes complets à l'indicatif : passé-composé, passé-simple, plus-que-parfait, passé antérieur, imparfait, et éventuellement le présent, là où l'arabe semble n'utiliser qu'une forme marquée au passé, avec plutôt une valeur d'accompli. On n'est donc pas étonné que des erreurs apparaissent (4) ou que des hésitations plus ou moins profondes se manifestent (5) dans l'expression de la forme verbale appropriée au repère d'énonciation, ou dans la construction des enchainements chronologiques, si on fait la comparaison avec la manière dont un locuteur francophone de même âge ou compétence les réalise.

En fait, on peut difficilement distinguer ce qui relève d'une erreur de morphologie verbale (ie l'emploi des verbes auxiliaires) et de la cohésion temporo-verbale (ie le recours aux deux temps du présent et du passé-composé, là où d'autres temps comme l'imparfait ou le plus-que-parfait seraient nécessaires). Plusieurs problèmes semblent ainsi s'intriquer dans les mêmes opérations linguistiques et calculs énonciatifs. Sur un autre plan, l'étude décontextualisée des trois temps-modes de base, prioritairement construits par référence aux époques (passé, présent et futur) et liée à la progression grammaticale choisie, entraine probablement des « manques » dans l'expression d'autres relations temporelles (celles dévolues à l'imparfait, au plus-que-parfait, voire au passé-simple), dans la progression narrative et le maintien de la cohésion des récits. Si le seul temps verbal du « passé » étudié à l'école primaire est le passé composé - et en effet les histoires écrites pour les élèves utilisent les seuls présent et passé-composé -, nous comprenons mieux pourquoi les élèves énoncent des récits qui dérapent sur ce plan. A l'exemple de l'amorce du récit proposé aux élèves (les deux textes d'élèves reproduits, *supra*), on constate effectivement que le temps de base du récit est un présent dont la valeur narrative n'est pas clairement identifiable : présent de narration fictive, présent d'une époque passée, présent aoristique ? Il conviendrait que les programmes optent pour une mise en place, certes progressive des temps et modes verbaux, mais celle-ci ne devrait pas s'accomplir par analogie avec la langue d'origine - en l'occurrence l'arabe - dont la référence temporelle est différemment construite. Il faudrait que cette progression spécifique aux temps-modes du français soit en adéquation avec les recommandations par ailleurs très claires des programmes, qui préconisent de faire produire à l'oral, et dès la fin du second cycle, quelques phrases destinées « à raconter un évènement ». Dès lors, il va de soi que l'énonciation d'un court récit, en référence à des moments passés et clairement repérés au moment de l'énonciation, fait partie des compétences à travailler. Les travaux de Miled (1998) vont dans le même sens. Ils engagent une réflexion didactique sur la production écrite en tant qu'ensemble d'opérations langagières mobilisant des connaissances linguistiques, textuelles, énonciatives spécifiques. De fait, si le contexte plurilingue tunisien agit inévitablement sur les pratiques scolaires des élèves, notamment dans des projets d'écriture formalisées ou libres, il apparait que les connaissances linguistiques, notamment dans leurs spécificités interlectales, ne s'acquièrent pas indépendamment des fonctionnements cognitifs et des habiletés langagières déployées dans ces situations d'écriture. Plus encore, cet ensemble de connaissances procédurales et déclaratives (Anderson, 1996) devrait être travaillé, appris, enseigné à travers des récits entendus, lus et étudiés, dans des formes ou des genres diversifiés : du récit autobiographique ou d'expérience personnelle (Bishop & Penloup, eds., 2006) aux différentes narrations fictives relevant de genres culturels variés.

Pour conclure

Nous reprendrons en les synthétisant les remarques, réflexions ou analyses formulées par les enseignants du primaire rencontrés dans les formations que nous leur avons proposées.

Il semble tout d'abord que, pour eux comme pour leurs élèves, le rapport à la langue française existe, ou persiste, dans une situation de diglossie qui n'est pas toujours bien évaluée ni même identifiée. Comme nous l'avons vu (Supra § 1), pour certains, souvent les plus âgés, le français est mythifié, car perçu comme la langue de l'élite culturelle, et pratiquée comme telle dans des échanges essentiellement universitaires ou professionnels. Pour d'autres, les plus jeunes, le français a un statut plus ambigu, à la fois langue de la modernité, mais aussi langue de défiance liée à la colonisation du pays.

Pourtant, placés professionnellement en situation de devoir enseigner ce français, ils évoquent des difficultés d'ordre institutionnel : le poids d'une hiérarchie très présente, des programmes en décalage avec les performances linguistiques de leurs élèves, voire des leurs, un manque de formation en didactique des langues, au point que les problèmes pédagogiques (comme la gestion de la classe, des effectifs, des horaires...) sont souvent confondus avec les difficultés à enseigner le français et à conduire des apprentissages langagiers inscrits dans un contexte plurilingue peu ou mal circonscrit.

Enfin, les enseignants les plus motivés et fortement impliqués dans cet enseignement - et qui sont ceux qui pratiquent le français dans des situations tant professionnelles qu'extra professionnelles - évoquent un déficit à un autre niveau, celui de la formation disciplinaire et didactique, dans la maitrise conjointe de la langue et des discours, notamment dans leur dimension culturelle. Plus que la cible linguistique, c'est le moyen d'enseigner le français qui semble faire défaut. Le symptome le plus souvent avancé, et parfois dénoncé, c'est l'obligation d'utiliser un manuel unique de français - un pour chaque niveau de classe - et donc l'impression, plus que l'imposition, de devoir limiter leur rôle à une simple application des activités, consignes, exercices qui y sont proposés. Mais cette impression ne correspond pas à une injonction de l'institution, puisque les instructions et programmes font régulièrement référence à la nécessaire diversification des supports, à travers des pratiques complémentaires ou alternatives à celles du manuel. Il reste que cette diversification relève d'une quête permanente, du fait d'un réseau de bibliothèques, pour les élèves, et de ressources documentaires, pour les enseignants, encore très déficitaires[120]. Les ouvrages de littérature de jeunesse, pour ne citer que ce type de support, sont souvent issus d'une production hexagonale, et donc d'importation, avec un cout très élevé ; les

---

[120] Il se trouve justement que l'un des axes de cet immense programme du PREF-SET, déjà évoqué, est justement de développer les Centres régionaux de formation continue (CREFOC) en les dotant d'ouvrages didactiques, de matériels informatiques, de supports pédagogiques conséquents.

enseignants ne peuvent s'appuyer, encore, sur des catalogues d'éditeurs locaux ou nationaux très étendus.

Enfin, les recherches relatives à l'acquisition des langues, dans le contexte spécifiquement multilingue de l'école et de la société tunisiennes, sont encore, aujourd'hui peu développées, notamment pour les apprentissages langagiers du premier cycle de l'école primaire[121]. Mais cette absence de données scientifiquement établies, notamment sur les procédures psycholinguistiques en jeu, est remplacée par une grande inventivité pédagogique, des solutions empiriques intelligentes et une motivation éducative hors limite... à travers des actions que l'on voit circuler et partager dans des relais associatifs et institutionnels (Hammami & Dutrey, 2006) largement investis par les enseignants et leur encadrement.

Bibliographie

Anderson, J.R. 1996. *The Architecture of Cognition*. Mahwah (N.J.) : L. Erlbaum Associates Publishers.

Besse, H. 1987. *Langue maternelle/seconde/étrangère*. In *Le français aujourd'hui*. 78. Paris : AFEF. pp. 9-15.

Bertucci, M.-M. & Corblin, C. (eds.). 2004. *Quel français à l'école ? Les programmes de français face à la diversité linguistique*. Paris : L'Harmattan.

Bishop, M.-F. & Penloup, M.-C. (eds). 2006. *« L'écriture de soi et l'école »*. In *Repères*. 34. Lyon : INRP.

[121] Excepté les travaux cités dans cette étude, tels ceux de Miled (Op. cit.), et d'autres que nous n'avons pas pu ou su rapporter ici.

Bourdereau, F. 2006. « Politique linguistique, politique scolaire : la situation du Maroc ». In *Le français aujourd'hui*. 154. Paris : Armand Colin/AFEF. pp. 25-34.

Brissaud, C. & Chevrot, J.-P. 2001. « Acquisition de la morphographie entre 10 et 15 ans : le cas du pluriel des formes verbales en /E/ ». In *Verbum*. XXII-4. Nancy : Presses universitaires de Nancy. pp. 425-439.

Brissaud, C. & Sandon, J.-M. 1999. « L'Acquisition des formes verbales en /E/ à l'école élémentaire et au collège, entre phonographie et morphographie ». In *Langue française*. 124. Paris : Armand Colin. pp. 40-57.

Bronckart, J.-P. 1996. *Activité langagière, textes et discours. Pour un interactionnisme socio-discursif*. Lausanne-Paris : Delachaux et Niestlé.

Caubet, D. 1999. « Arabe maghrébin : passage à l'écrit et institution ». In *Faits de langue*. 13. Paris : Ophrys. pp. 235-244.

Chiss, J.-L. (eds.). 2008. *Immigration. Ecole et didactique du français*. Paris : Didier.

Cogis, D. 2001. « Difficultés en orthographe : un indispensable réexamen ». In *Revue française de linguistique appliquée*. VI-1. Amsterdam : éd. De Werelt. pp. 47-61.

David, J. 2005. « L'écriture des collégiens de banlieue, entre pratiques singulières et normes scolaires ». In Bertucci, M.-M. & Houdart-Merot, V. (eds.). *Situations de banlieues : enseignement, langues, cultures*. Paris : INRP. pp. 273-286.

David, J., Brissaud, C. & Guyon, O. 2006. « Apprendre à orthographier les verbes : le cas de l'homophonie des finales en /E/ ». In *Langue française*. 151. Paris : Armand Colin. pp. 109-126.

David, J., Hammami, M. & Le Pesant, L. 2006. « Former au français dans le Maghreb : Présentation ». In *Le français aujourd'hui*. 154. Paris : Armand Colin/ AFEF. pp. 3-7.

Fayol, M. 1997. *Des Idées au texte, psychologie cognitive de la production verbale, orale et écrite*. Paris : PUF.

Hammami, M. & Dutrey, J.-F. 2006. « L'enseignement du français en Tunisie : un programme ambitieux de rénovation et de soutien ». In *Le français aujourd'hui*. 154. Paris : Armand Colin. pp. 67-74.

Lahire, B. 1993. *Culture écrite et inégalités scolaires. Sociologie de l' « échec scolaire » à l'école primaire*. Lyon : PUL.

Makhlouf, M., Legros, D. & Marin, B. 2006. « Influence de la langue maternelle kabile et arabe sur l'apprentissage de l'orthographe française ». In *Cahiers pédagogiques*. 440 <http://www.cahiers-pedagogiques.com> (pages actives le 30/04/2010).

Manesse, D. & Cogis, D. (eds.). 2007. *Orthographe, à qui la faute ?* Paris : ESF.

Miled, M. 1998. *La Didactique de la production écrite en français langue seconde*. Paris : Didier-Erudition.

Spaëth, V. 2005. « Le français langue seconde et sa fonction d'enseignement en Afrique francophone : problèmes et perspectives ». In Beacco, J.-C., Chiss, J.-L., Cicurel, F. & Véronique, D. (eds.). *Les Cultures éducatives et linguistiques dans l'enseignement des langues*. Paris : PUF. pp. 183-203.

Veltcheff, C. 2006. « Le français en Tunisie : une langue vivante ou une langue morte ? » In *Le français aujourd'hui*. 154. Paris : Armand Colin/AFEF. pp. 83-92.

DU BILINGUISME A L'ECOLE DE MADAGASCAR : HISTORIQUE, ETAT DES LIEUX, PERSPECTIVES

Daniel Delas[122] & Nicolas Martin-Granel

Université de Cergy-Pontoise
EA 1392 CRTF
F-95 000 Cergy-Pontoise

Quelle est la situation du bilinguisme à l'école aujourd'hui dans la Grande Île ?

Il est bien évidemment nécessaire pour qui désire se faire une idée informée sur la question du bilinguisme d'avoir en mémoire quelques données concernant l'histoire de l'enseignement du malgache et du français depuis le XIXe siècle. Car plus qu'ailleurs sans doute, les débats sont ici très anciens.

Quelques rappels sont donc utiles.

Rappels historiques

Le colonisateur français qui établit le protectorat français sur la Grande île à partir de 1896 (date de l'arrivée de Gallieni) se rend vite compte qu'il n'arrive pas dans un pays sans structures étatiques ou administratives. Existe à Madagascar un gouvernement centralisé qui a

---

[122] danieldelas@ neuf.fr et yanikos@aol.com

soumis à l'autorité des habitants des Hauts-Plateaux (les Mérinas) toutes les populations de la Grande Île et qui, après le règne de la reine Ranavalona I marqué par une forte réaction xénophobe et hostile aux missionnaires étrangers, s'est ouvert à partir de 1862 au monde occidental. Dans le domaine de la langue, le pouvoir mérina a soutenu le travail des missionnaires protestants de langue anglaise ; ceux-ci ont non seulement traduit la Bible en malgache et ainsi fixé à l'écrit cette langue dans un esprit religieux mais publié en malgache divers types d'écrits à fonction identitaire. La première traduction en malgache de la Bible date de 1835[123], le protestantisme est choisi comme religion d'Etat en 1869 et en 1871. Deux missionnaires anglais publient un recueil de 1477 Proverbes (les *Fitenenana*) qu'exploitera quelques années plus tard une grammaire de la langue malgache. Toutes ces publications étaient certes marquées par un intérêt sincère pour la langue et la culture malgaches mais avaient évidemment pour but de servir d'instruments de pénétration et de persuasion missionnaires. Elles serviront de vecteurs à l'éducation linguistique, morale et religieuse des élites malgaches en associant la sagesse des Ancêtres à celle des exemples tirés de la Bible. Les *Fitenenana* présentent une vision de la vie et du cosmos qui consonne parfaitement avec le message missionnaire et serviront de base à l'apprentissage et la compréhension des relations sociales[124]. L'enseignement privé confessionnel en a fait grand usage.

---

[123] Une version définitive paraîtra en 1887.

[124] Voir J. Ravelomanana, « Les *Fitenenana* , les effets inattendus de la culture orale dans l'œuvre missionnaire au XIXe siècle à Madagascar », in *L'écriture et la construction des langues dans le sud-ouest de l'Océan Indien,* sous la direction de Gillette Staudacher-Valliamée, Université de la Réunion, L'Harmattan, 2007.

Une politique coloniale française à base ethnique

Quand, à la suite des tractations diplomatiques qui ont suivi la Conférence de Berlin organisant le partage colonial, Madagascar tombe dans la zone d'influence française, les Français trouvent un pays dominé par une élite locale mérina formée dans leur langue par les missionnaires anglais dans un certain respect de leur culture. Ils se rendent rapidement compte que la situation, si elle peut présenter des traits communs avec celle de l'Algérie ou de la Tunisie, n'a rien à voir avec celles d'autres pays africains multilingues et peu structurés et qu'il leur faut donc, non pas transposer une politique éducative de simple assimilation mais concevoir une pédagogie indigène différentielle. Deux objectifs ont paru prioritaires alors pour former les auxiliaires dont le colonisateur a besoin :

- d'une part réduire par tous les moyens l'influence anglaise par deux stratégies complémentaires : décapiter l'élite mérina jugée infectée par la dangereuse formation évoquée à l'instant (exil de la reine, exécution du premier ministre) ; favoriser le travail des missionnaires catholiques supposés diffuser un enseignement plus proche des valeurs dites françaises. Cette politique aura un succès certain puisque beaucoup d'individus « ambitieux » comprendront vite quelle est la confession qui permet au mieux de réussir.
- d'autre part former une contre-élite pour contrebalancer la suprématie des Mérinas dont on se rend bien compte qu'on ne pourra se passer totalement. Ce sera la fameuse « politique des races » qu'on pourrait aujourd'hui nommer « politique des quotas raciaux », consistant à favoriser les « côtiers » (et les Hovas, membres des

classes moyennes et inférieures) contre les habitants des Hauts Plateaux. Ainsi l'école créée en 1897 par l'administration coloniale pour la formation de ses auxiliaires malgaches impose-t-elle à son directeur de veiller soigneusement à limiter la présence d'élèves appartenant à la « race dominante » et à favoriser la présence d'élèves, supposés catholiques, provenant de régions côtières. Quoique cette politique ait été un échec[125], on ne peut reprocher au pouvoir colonial de ne pas l'avoir tentée, mais on peut penser qu'il a ainsi instillé une dangereuse dichotomie à base « ethnique » entre des populations malgaches décrites en termes essentialistes.

Un enseignement public indigène

L'autre volet de la politique éducative mise en place par Gallieni était de mettre en place un enseignement public dit indigène (jusqu'en 1951) fondé sur les valeurs de la République française et donc ne récusant pas formellement l'espoir assimilationniste, celui de rallier aux Lumières la majorité des populations, mais tenant compte de la spécificité de la situation malgache. C'est le sens de l'arrêté du 25 janvier 1904 qui impose un enseignement obligatoire pour les enfants de huit à quatorze ans dans tous les *faritany* (communautés villageoises) où existe une école officielle. Cet

[125] Avant 1914, on compte dans les milieux de l'enseignement, 323 Merinas sur 380 fonctionnaires, chiffres cités par F. Raison-Jourde dans son article « L'assignation d'un destin identitaire : l'enquête de 1908 sur race et caste des élèves malgaches », in *La nation malgache au défi de l'ethnicité*, sous la direction de F. Raison-Jourde et S. Randrianja, Karthala, 2002, pp. 45-60.

enseignement partagera le temps de l'enseignement de la langue presque à égalité entre français et malgache[126]. Cette politique de francisation dite « associative » en ce qu'elle associait enseignement du et en français évoluera[127] dans le sens d'une imposition grandissante du français comme langue d'enseignement. Ce qui au niveau des villages et vu la faiblesse des moyens mis en œuvre (voulus par le parti des colons jugeant inutile voire dangereux ce programme) ne fut pas mené à terme[128].

Comment conclure, après cet exposé rapide sur la situation à la veille des indépendances destiné à mieux comprendre la suite des événements qui concernent la politique scolaire suivie par le pouvoir malgache ?

En trois quarts de siècle la puissance coloniale française a en partie réussi à faire passer une partie des Mérinas du protestantisme au catholicisme et à former des élites francophones mais elle a échoué à assurer la promotion, par la connaissance de la langue française, des classes inférieures et des populations dites « côtières », à une situation d'égalité avec celles provenant des Hauts Plateaux. L'enseignement privé catholique est ainsi actuellement en charge de la formation d'une partie importante des élites malgaches. Celles-ci sont toujours mérinas[129].

---

126 On peut nuancer certes : CP (8 h de français, 7 h de malgache), CE (8 h / 6 h), CM (7 h/4 h).

127 Arrêtés de 1916, 1929, 1933, 1951.

128 Faut-il rappeler pourtant que 80% des habitants sont des ruraux ?

129 En 1981, les écoles privées, confessionnelles ou non, absorbaient la moitié des effectifs scolaires des Hautes Terres, mais 7 % seulement de la population scolarisée dans la province de Mahajanga (chiffres fournis par R. Clignet et B. Ernst dans *L'école à Madagascar*, Karthala, 1995, p. 64).

Que s'est-il passé depuis les années 60-70, qui permette de comprendre la situation dans laquelle intervient la politique actuelle de bilinguisme à Madagascar ?

La rupture des années 60-70 : du développement du français à une situation de crise

A partir de 1960 et jusqu'aux années 1972-1975, la Première République poursuit une politique d'enseignement en français. C'est la « belle époque » de la coopération franco-malgache avec des coopérants dans tous les lycées et dans les centres de formation des maîtres du primaire. Mais cette politique se heurte à un fort rejet des étudiants et intellectuels nationalistes qui soutiennent l'arrivée au pouvoir de Didier Ratsiraka et l'instauration de la Seconde République, qui promeut une malgachisation totale (mais adaptée[130]) de l'enseignement : enseignement en malgache, enseignement de l'idéologie socialiste, choix d'auteurs révolutionnaires, formation de citoyens socialistes. Le programme socialiste prévoit par ailleurs d'engager un vaste programme de recherches destiné à élaborer ce qu'il appelle le malgache commun, version remaniée du malgache officiel prenant en compte les variétés régionales. Les observateurs comme le Père Rémy Ralibera estiment que :

> *Tout cela s'est réalisé dans la précipitation et avec un fanatisme idéologique aveugle. La langue malgache d'enseignement n'était pas encore bien établie que déjà des*

---

[130] Car il ne faut pas exagérer la portée de la xénophobie imputée au régime socialiste puisque le français conserve 5 h d'enseignement en T 5 et reste la langue d'enseignement à l'entrée en T 10 (voir Clignet et Ernst, op.cit. p. 70).

professeurs se mettaient à produire des manuels que les enseignants des écoles, collèges, lycées ne savaient pas utiliser, tellement le vocabulaire était disparate[131].

En est résulté une chute dramatique des effectifs de l'enseignement public et la fuite des élèves vers l'enseignement privé dont le principal avantage aux yeux du public est d'avoir conservé l'usage du français.

La décennie 90, avec ses incertitudes politiques, n'a pas été propice à la mise en place d'une politique sereine de redressement du système éducatif. Bien au contraire, les débats sur les valeurs supposées du français et du malgache se sont faits plus vifs, favorisant une politisation outrancière de la question des langues à Madagascar. C'est dans ces conditions que le français retrouve subitement au début des années 1990[132] sa fonction de langue d'enseignement, le malgache étant confiné dans quelques matières qui véhiculent les valeurs « authentiquement malgaches », telles que la morale, l'instruction civique, l'histoire et la géographie de Madagascar. La loi d'orientation de 1995, refusant d'utiliser les mots français et langue française, crée, par son manque de clarté, une situation très ambiguë, d'autant plus grave que les deux-tiers des maîtres, recrutés pendant la vague de démocratisation, n'ont que des connaissances limitées en français et en arrivent dans des cours, censés être enseignés en français, à faire ânonner quelques phrases du manuel pour les commenter ensuite en malgache.

---

[131] Père Rémy Ralibera, « La formation des élites à Madagascar depuis l'Indépendance », in *Madagascar Fenêtres*, 2, CITE, 2006, p. 151.

[132] Pour une chronologie précise, voir S. Babault, *Langues, école et* société à Madagascar, L'Harmattan, 2006, pp.63-66.

Quel est, à l'aube du XXIe siècle le bilan de cette histoire ?

Le bilan

Premier constat : la scolarisation publique connaît à Madagascar un niveau anormalement bas et la « qualité linguistique » des élèves est très médiocre[133]. Tout se passe comme si le bilinguisme existant dans ce secteur scolaire était plus un handicap qu'un avantage. Et cela malgré les budgets considérables qui ont été consacrés à l'école depuis dix ans.

Second constat : la qualité des maîtres et des professeurs de l'enseignement privé est globalement supérieure à celle des maîtres et des professeurs du secteur public.

Troisième constat : les querelles idéologiques sur le choix de la langue d'enseignement et les choix aveugles qu'elles ont entraînés ont abouti à sacrifier deux générations d'élèves, celle d'une malgachisation suivie de celle d'une francisation mal dominées l'une et l'autre. On aboutit ainsi à ce que les deux langues servent à conforter la hiérarchisation entre deux couches de population, les plus défavorisés n'obtenant pas sur les bancs de l'école publique les clefs de la réussite sociale, les plus favorisés maintenant leur domination (à forte dominante ethnique) par le secteur privé, l'enseignement secondaire et l'Université.

Comment appréhender concrètement la situation linguistique actuelle ?

---

[133] Le professeur Belloncle, expert en alphabétisation installé à Madagascar, parle d'un « double massacre ». Document photocopié, e.l., 2002.

La situation contemporaine : la ségrégation linguistique

L'insularité du pays est ici déterminante, au point qu'il ne serait pas excessif de parler d'exception culturelle et linguistique au sein de la francophonie. En effet, il ne s'agit pas d'une situation multilingue classique telle qu'en donnent de nombreux exemples aussi bien l'Afrique francophone que les autres îles de l'Océan Indien. Sur la Grande île, les deux langues dominantes ne se mélangent guère, et si elles le font, ces cas, appelés péjorativement *frangasy*[134] ou *vary aminy'na* sont fortement réprouvés, considérés comme des accidents linguistiques dommageables pour les deux langues, voire traités de troisième langue. Est ici exclue a priori toute forme de créolisation ou de pidginisation comme voie de développement et de dynamique des langues et des cultures. La raison de cette ségrégation linguistique tient sans doute à la singularité des deux systèmes linguistiques très éloignés l'un de l'autre, mais surtout à l'histoire du pays, dont les langues sont le conservatoire mémoriel, c'est-à-dire les monuments. Or les langues ont la mémoire longue.

Le malgache, y compris dans la diversité de ses variantes régionales, est la langue vivante dominante. Les malgaches sont tous malgachophones, sinon malgachographes. Si la langue dans sa variante *merina* a en effet été transcrite dans l'alphabet latin depuis plus d'un siècle et demi, la maitrise du malgache écrit est aujourd'hui encore réduite, réservée à une élite, socialement et géographiquement délimitée. A l'inverse, le français, historiquement la langue du commandement, est

---

[134] Le premier est un mot-valise formé sur le modèle de franglais, le second désigne un plat populaire constitué de riz assaisonné de légumes variés et indéterminés.

sans doute moins compris et parlé que lu et écrit, notamment dans les médias et à l'école. De sorte qu'il faudrait moins parler de diglossie que de… digraphie, particulièrement dans l'école où le partage est net : au malgache le verbal, au français les traces écrites. A certains égards encore tributaire du discours colonial et impérial, la langue française est considérée comme une langue morte, enseignée comme autrefois le latin. Langue des clercs, elle échappe difficilement à un certain purisme qui ne lui permet guère d'exprimer les réalités malgaches contemporaines. Un académisme qui semble d'ailleurs avoir contaminé le malgache écrit, par le biais de l'institution de l'Académie malgache. De même que le français s'est institué comme une religion d'Etat, de même la langue malgache s'est fondée sur le mythe monolingue d'une langue sacrée, langue de l'identité et de l'unité nationale.

Cet état des langues, lesté par un tel poids d'histoire commune, est remarquablement stable et même statique, à telle enseigne que les politiques linguistiques évoquées en commençant, apparemment si contradictoires, de malgachisation (1972) et de francisation (1990), n'y ont pas apporté de modifications substantielles, au moins sur le fond du problème. On est resté dans le système fermé et dualiste du jeu à somme nulle, au lieu de donner du jeu dans le commerce *entre* les langues et les discours.

Si le bilinguisme doit devenir autre chose qu'une théorie, un idéal ou même une idée reçue, certes belle, mais inapplicable par décret ou *diktat*, les deux langues devraient pouvoir se développer et se moderniser non pas l'une contre (au détriment de) l'autre, non plus en parallèle, mais ensemble et de façon convergente, par reconnaissance et apprentissage mutuel en vue d'améliorer les performances du sujet parlant.

Une stratégie d'augmentation et de diversification de l'offre linguistique

Pour ce faire, il convient donc de modifier les pratiques et les représentations qui leur sont associées sur le temps long, et, plutôt que de se crisper sur l'épineuse et lancinante question (politique et quasi religieuse) du statut respectif des langues (nationale ou maternelle ? seconde ou étrangère ? d'enseignement ou de communication ?, etc.), de mettre au contraire l'accent sur le développement continu du *corpus* de textes, oraux et écrits, à offrir à une demande linguistique en forte expansion. Ce parti pris du *corpus* compte tenu du *status* s'avère la seule voie à même de redonner corps et vitalité, soit un accès plus équitable aux langues malgache, notamment écrite, et française, notamment orale.

Cette stratégie globale d'augmentation et de diversification de l'offre linguistique en français et en malgache correspond aux objectifs que le projet *Appui au Bilinguisme à Madagascar* (ABM) s'efforce de mettre en œuvre à la lisière du système scolaire. Sur un premier axe, les Centres Locaux d'Echanges Francophones (CLEF) implantés dans les zones rurales et enclavées se proposent de devenir des lieux d'animation et de rencontre des langues et des cultures. Modestes laboratoires d'un bilinguisme additif et interactif, ils mettent à disposition de la communauté - scolaire et non scolaire - un fonds d'ouvrages divers, pratiques et aussi ludiques, en malgache et en français. De plus, en vue de l'appropriation de la langue orale, la radio numérique permet de capter à partir du satellite des émissions du monde entier, de s'intégrer dans la nouvelle société de l'information, en partenariat avec les radios locales de proximité. Le second axe du projet prévoit de mener un travail de réflexion et de production sur l'enseignement et l'apprentissage bilingue à l'échelle de tout le pays, et ce dans une démarche innovante de *recherche-action*. La mise en réseau et en synergie de toutes les parties intéressées (universitaires, responsables étatiques, acteurs de terrain, praticiens) devrait déboucher à terme sur une meilleure connaissance du terrain, et, tout en s'appuyant sur l'existant culturel, de concevoir des supports et outils didactiques susceptibles de transformer les pratiques anciennes, d'améliorer la formation professionnelle de la nouvelle génération de maîtres. Une approche anthropologique du contexte linguistique et culturel plaide en faveur d'un retour au (travail de) terrain, lequel est à la fois une épreuve initiatique et une base théorique pour le bilinguisme à Madagascar. Il s'agit, en fin de compte, que les langues, tant d'ici que d'ailleurs, arrivent enfin à *lier connaissance*, et aussi à relier les connaissances.

Afin d'illustrer ces propos et de présenter les divers enjeux présents dans *le projet Appui au bilinguisme à Madagascar*, certains éléments vont être exposés et développés tels que les caractéristiques du terrain, et le plan d'action.

Le terrain :

Le terrain est double et même triple : les textes institutionnels qui prescrivent les actions à mener dans le cadre des projets ; les attentes et demandes du Ministère de l'Education Nationale et de la Recherche Scientifique (MENRS) dans le cadre de son plan stratégique de réforme et de développement du système éducatif ; et enfin le contexte de l'école malgache, le terrain proprement dit, où devraient se réaliser de façon visible ou sensible, à terme, les actions inscrites dans le plan et/ou les projets. C'est sur ce terrain que se joue en dernier ressort la dite lutte contre la pauvreté.

Deux points marquants et même remarquables dans leur apparence paradoxale ont permis de mieux cerner la problématique du bilinguisme à Madagascar à partir d'une visite dans la circonscription scolaire de Soavinandriana, même si cette double découverte ne laisse en rien préjuger de la situation sur l'ensemble de l'île : la présence de manuels - français écrit - sur les tables des élèves et le déficit de compétences en français – surtout oral - chez les maîtres. La diglossie français/malgache se présente à nouveau comme un déséquilibre prononcé entre, d'un côté, l'écrit (hypergrammatisation du français considéré et enseigné comme une langue morte à l'instar du latin) et, de l'autre, l'oral qui se conçoit et se réalise essentiellement en malgache et dans ses variétés vernaculaires.

Deux expériences de terrain complémentaires sont allées dans le même sens que les hypothèses de travail tirées de ce constat préliminaire. Sur le terrain universitaire, tout d'abord, un premier contact a été établi à l'occasion du colloque scientifique des 13-17 octobre 2003 organisé pour commémorer le 180e anniversaire de l'orthographe unifiée.

Celle-ci est loin de faire l'unanimité parmi les chercheurs qui ont présenté une communication dans ce domaine. Les réformes proposées tendaient davantage à faire coller la transcription du malgache aux diverses variantes phonétiques dialectales qu'à moderniser et développer l'orthographe malgache à l'intention des usagers au quotidien ou de l'école.

Le second lieu où il a été possible d'avoir un premier aperçu de la faille linguistique se situe à l'autre bout de la filière, dans une école primaire publique (EPP) de Tananarive, dans laquelle en assistant à plusieurs cours dans tous les niveaux, il a été possible de mesurer à quel point, dans les pratiques de classe comme dans les représentations partagées, les deux langues d'enseignement supposée « partenaires », le français et le malgache, au lieu de communiquer entre elles et s'appuyer mutuellement, se développent séparément et pour ainsi dire, se tournent le dos. Une situation d'apprentissage linguistique désastreuse pour les deux langues mises ainsi en concurrence et aussi pour les élèves.

Aller vers un bilinguisme « harmonieux » et allier les deux langues dans un véritable « partenariat » supposerait au contraire, selon une première hypothèse de travail, d'orienter les efforts de formation vers les compétences les plus déficitaires, à savoir l'oral en français et l'écrit en malgache.

Le terrain linguistique est donc complexe, pavé de bonnes intentions et balisé de lieux communs. Il se situe dans un *continuum* qui passe non seulement entre deux langues mais tient aussi aux deux extrémités du système éducatif : à la fois dans les zones rurales les plus enclavées – lieux d'implantation des CLEF – où le français et l'écrit en général n'ont pas cours et dans les milieux de la recherche universitaire où l'écrit est de rigueur, en français principalement mais aussi en malgache. La preuve en est dans les séances mensuelles de l'Académie malgache où les communications à l'ordre du jour se font indifféremment en français ou en malgache.

La question du bilinguisme se pose ici en des termes fort différents de celui du Cameroun, pays où la question est résumée par les habitants eux-mêmes dans la fameuse boutade « Le Cameroun est bilingue mais non les Camerounais ». D'un bilinguisme l'autre : le grand écart qui illustre paradoxalement qu'à Madagascar, la frontière ou fracture linguistique n'est pas d'ordre géographique mais plutôt culturelle et surtout sociale. Reste que dans les deux cas, le poids de l'histoire (post)coloniale est prépondérant. Il conviendra de ne pas l'oublier, s'il y a bien des leçons à tirer de l'histoire - de la grande aussi bien que de la petite et récente (réemploi des outils développés par les projets antérieurs).

Une approche pragmatique et continuiste

Pour renforcer les compétences en français et sortir du double purisme, est requise une approche pragmatique et résolument continuiste (cf. la pratique du *frangasy*[135]par les enseignants[136]), par les performances (réelles) plutôt que par les compétences (idéales), c'est-à-dire, pour s'exprimer comme le font les anthropologues, penser la différence et dissoudre la hiérarchie.

Le bilinguisme est, à certains égards, une idée neuve[137] dans cette nouvelle génération de projets, au point qu'il

---

[135] Situation de contacts de langues et d'alternance codique entre le français et le malgache.

[136] Voir le différend entre J. Paulhan et V. Augagneur tel qu'il est exposé par L. Ink (in *Madagascar Fenêtres*, 2002 : 117-139), ainsi que les réflexions, d'une pertinence encore très actuelle, d'un P. Deschamps, Chef du Service de l'Enseignement à Tananarive en 1898 (article communiqué et cité par P.-Y. Roux dans la note interne du projet ABM, 8/12/03 : « Evidemment, ce n'est pas en restant à mon bureau, mais au contact des hommes et des chose du pays que je pouvais nourrir l'espoir de trouver une réponse qui me satisfît, au moins à titre provisoire, au problème qui me tourmentait : construire [...] un système positif d'éducation propre à l'enseignement officiel, qui s'ajustât à la mentalité des Malgaches et ne valût que pour eux . Le but était clairement en vue : perfectionner les indigènes par la mise en harmonie de deux cultures, dans le respect de la culture indigène par l'effet d'une large compréhension de la part de la culture française ».

[137] Mais ancienne, si on le considère comme une résurgence de l'*Indirect Rule* soutenue par les tenants de l'anthropologie malinowskienne dont l'un résume par exemple les objectifs de la nouvelle politique en ces termes : « Elle s'efforce de rendre possible un développement dans lequel les Africains conservent la stabilité et

s'est imposé comme un chantier à part dans la réforme et exposé dans le projet *Appui au bilinguisme à Madagascar* qui se greffe ou s'enchâsse dans le projet MADERE (Madagascar Ecole de la Réussite) sans s'identifier avec lui. Ceci montre, s'il en était encore besoin, la dimension essentiellement transversale du projet - la langue étant à la fois medium et contenu d'enseignement et donc, pour paraphraser la formule médiévale, un cercle dont la circonférence est partout et le centre nulle part.

Fabrication et / ou action ?

Le plan d'actions du projet *Appui au Bilinguisme à Madagascar* s'est écrit dans le droit fil du « rapport de présentation » du dit projet. Les objectifs de la composante 1 (mettre en place un environnement francophone de proximité) et de la composante 2 (mettre en place des actions complémentaires à l'intention des instituteurs) se déclinent, respectivement, dans les deux principales actions suivantes : mise en place des Centres Locaux d'Echanges Francophones (CLEF) et lancement de la recherche-action sur le bilinguisme.

La première, qui relève d'une logique de la *fabrication*[138], se situe dans la continuité des actions

---

la fierté de leur vie communautaire et s'appuient sur les formes sociales existantes pour répondre à des besoins nouveaux. Mon enquête sur différents systèmes d'administration m'a convaincu que les progrès désirés étaient en fait plus rapides là où les Africains avancent depuis un point de départ familier en tant que groupes sociaux que là où, comme il arrive souvent avec les méthodes plus directes, ils partent à la dérive dans une contrée étrangère comme une foule d'individus » (Revue *Terrain*, n° 28, 1997).

[138] Référence à l'opposition désormais classique qu'H. Arendt introduit entre la fabrication et l'action. Alors que le résultat de la

entreprises et des « œuvres » réalisées dans les précédents projets de coopération (outils de formation, méthodes « Une vie d'Instit » et « Travail d'instit », journaux *Repères* et *La plume*, émissions de radio, etc.). L'analyse des besoins et l'étude de faisabilité une fois menées, l'opération ne requiert que les moyens appropriés pour produire à son terme les « résultats attendus ». Cependant, pour renforcer l'attractivité et l'efficacité des CLEF, à leur équipement initialement prévu (livres, journaux, radiocassettes) s'est ajoutée une radio numérique type *World Space*[139], tant il est vrai que l'accès aux médias paraît le meilleur outil de re-médiation pour une meilleure maîtrise de la langue comme outil de communication.

La seconde action, par contre, dont la qualification même de « recherche action » présume déjà que c'est une action proprement dite, se trouve soumise à des incertitudes plus difficilement maîtrisables. Une fois donnée l'impulsion initiale – identification des acteurs et partenaires, lancement du séminaire avec ses termes de référence, missions sur le terrain), le processus peut être ensuite repris, modifié, dévié par les interactions et les réactions des divers acteurs ou agents, aussi bien que par leurs « frictions ».

A la fin de sa deuxième année (2005-2006) que l'on peut qualifier d'année critique, le projet ABM était à la

---

première – l'œuvre – est un objet à la fois défini et durable, celui de l'action – qui s'accomplit principalement par la parole - est incontrôlable et imprévisible, étant le produit d'une interaction entre volontés libres.

[139] Un « tuyau » qui permet d'acheminer via le satellite des contenus radiophoniques très variés, dont les programmes de RFI pouvant intéresser un public en attente d'oral authentique par des émissions comme le « journal en français facile », « franc parler », « reportage sportif », etc.).

croisée des chemins. Il n'était pas jusqu'à ses concepts fondateurs qui ne devaient être repensés ou reformulés en termes de partenariat franco-malgache : bilinguisme et diglossie en contexte postcolonial, statut des langues ou corpus des discours en usage.

Mais y avait-il un besoin ou un désir de français ? En d'autres termes, le projet ABM répondait-il à une commande étatique ou à une demande sociale ? Dans l'avenir, les CLEF doivent-ils devenir des centres de ressources à usage purement scolaire ou des petits centres culturels à usage communautaire ? Quel appui « technique » apporter à la définition d'une politique linguistique où la partie française n'apparaisse pas comme juge et partie ?

Ces questionnements pratiques, issus de la mise en œuvre d'un projet orienté vers la formation d'instituteurs « praticiens réflexifs », amènent à porter notre réflexion sur la question linguistique à Madagascar telle qu'elle se pose à nos yeux, étant entendu que l'observateur n'est pas neutre, qu'il modifie l'objet observé. D'autant plus que l'objet « langue », loin d'être structuralement défini en synchronie comme un pur et simple instrument (de communication ou d'apprentissage), relève d'une histoire politique et culturelle dont la mémoire reste incrustée dans les représentations actuelles. Lors de sa visite dans l'île, le président Jacques Chirac a insisté sur le poids du passé dans le présent, sur la nécessité de relire certaines « pages sombres » pour en écrire de nouvelles, plus claires et plus justes. Pour ce faire, il conviendrait de se déprendre de certaines mythologies monologiques et nostalgiques, telles le « génie » des langues cher à Rivarol, ou *Le Discours de la Méthode*, des « concepts » qui font le lit du choc des cultures et des identités. Aussi ne semble-t-il ni approprié, ni réaliste, d'assigner comme objectif du projet ABM : la création de méthodes d'enseignement du français adaptées au contexte malgache, ce qui reviendrait peu ou prou à instrumentaliser le malgache au service du français ; de même, vouloir donner à ce projet de coopération des chances d'influencer durablement les choix des programmes et des contenus scolaires revient à donner à croire que le bilinguisme serait le cheval de Troie d'une francophonie dépassée, impériale. Car le vent, depuis Rivarol et Descartes, a tourné. Dans le sens d'une légitimité du bilinguisme dont les voies et moyens d'une mise en œuvre plus pratique sont encore à trouver. C'est justement l'objet de la recherche-action.

La recherche-action

L'objectif final est d'obtenir des résultats susceptibles d'être appropriés par les utilisateurs, en tenant les deux bouts de la chaîne : développer des outils pour une meilleure connaissance de la situation sociolinguistique et pour l'introduction de l'innovation didactique. Cette adaptation de l'offre à la demande devrait s'accompagner d'une révision (déchirante ?) au niveau théorique, abandonner l'idée que la fabrication des « tuyaux » est indépendante des contenus qu'on y verse. Le CLEF, pas plus que le livre ou la radio, n'est un outil inerte et autonome, sans considération des hommes qui sont censés « l'utiliser ».

Pour avoir des chances de mieux « impacter le terrain », la priorité lui est donnée par une conception pragmatique des pratiques langagières, relevant d'une approche anthropologique. En d'autres termes, la recherche-action devait se concevoir comme une approche par les performances, complémentaire de celle dite « par les compétences » (APC) actuellement en cours de généralisation dans le système éducatif malgache.

Les recherches-actions qui n'ont pas résisté à l'épreuve du terrain sont précisément celles qui ont démarré trop vite (sans visites préalable sur le terrain), et/ou sur des pré-requis trop académiques et/ou avec des objectifs trop ambitieux et/ou avec des effectifs pléthoriques qui n'incluaient pas d'acteurs de terrain (instituteurs, parents d'élèves, élèves). C'est le cas notamment d'un manuel de lecture bilingue programmé par les universitaires de l'Ecole Normale Supérieure, ou de l'exploitation du jeu « *tantara* » à Tuléar.

De ces échecs aussi, la leçon doit être tirée.

Les plus durables et fécondes, au contraire, sont celles qui sont restées constamment en prise sur le terrain et qui s'y sont adaptées : cas de « bilinguisme et CLEF » à Tuléar, du « manuel d'autoformation » à Majunga ou du « cube conteur » à Fianarantsoa. Ce sont aussi celles qui ont su rebondir sur d'autres terrains ou supports, respectivement sur l'écoute radio et la formation des maîtres dans les Centres Régionaux de l'Institut National de Formation des Maîtres. Le cas du manuel de malgache est à part. Après avoir fait ses preuves au sein de la recherche-action, sa mise en œuvre opérationnelle le met hors de ce cadre trop étroit, il devrait être repris par le MENRS. Une équipe plus étoffée devrait être institutionnalisée, à laquelle seraient alloués des moyens conséquents. Mais si l'approche de terrain est une condition nécessaire pour la production de résultats viables, elle n'est sans doute pas suffisante. En effet, il est vite apparu qu'il était difficile d'avancer à partir de conceptualisations obsolètes, qui en sont restées aux dogmes de la linguistique structurale ou générative.

Pour moderniser les cadres conceptuels et actualiser les problématiques, ABM a mis en place un centre de documentation sur le plurilinguisme, un accès Internet, une liste de diffusion, dispositif fonctionnant comme une cellule de veille dans les domaines concernés ; en outre, le projet a soutenu des missions scientifiques internationales. Cependant la tâche reste immense, et ne pourra aboutir que dans le cadre d'un partenariat – plus actif, plus continu et surtout plus coordonné – avec les universités et le projet de coopération franco-malgache dans l'enseignement supérieur, la médiathèque de l'Alliance Française et le réseau de l'Agence de l'Enseignement Français à l'Etranger (AEFE).

Bibliographie

Babault, S. 2006. *Langues, école et société à Madagascar.* Paris : L'Harmattan.

Clignet, R. & Ernst, B. 1995. *L'école à Madagascar. Evaluation de la qualité de l'enseignement primaire public.* Paris : Karthala.

Ink, L. 2002. *Madagascar Fenêtres*. AFCA/CITE/MYE.

Raison-Jourde, F. 2002. « L'assignation d'un destin identitaire : l'enquête de 1908 sur race et caste des élèves malgaches ». In Raison-Jourde, F. & Randrianja, S. (eds). *La nation malgache au défi de l'ethnicité*. Paris : Karthala. pp. 45-60.

Ravelomanana, J. 2007. « Les Fitenenana, les effets inattendus de la culture orale dans l'œuvre missionnaire au XIXe siècle à Madagascar ». In Staudacher-Valliamée, G. (eds). *L'écriture et la construction des langues dans le sud-ouest de l'Océan Indien*, Université de la Réunion, Paris : L'Harmattan. pp. 199-210.

L'HARMATTAN, ITALIA
Via Degli Artisti 15 ; 10124 Torino

L'HARMATTAN HONGRIE
Könyvesbolt ; Kossuth L. u. 14-16
1053 Budapest

L'HARMATTAN BURKINA FASO
Rue 15.167 Route du Pô Patte d'oie
12 BP 226 Ouagadougou 12
(00226) 76 59 79 86

ESPACE L'HARMATTAN KINSHASA
Faculté des Sciences Sociales,
Politiques et Administratives
BP243, KIN XI ; Université de Kinshasa

L'HARMATTAN GUINEE
Almamya Rue KA 028 en face du restaurant le cèdre
OKB agency BP 3470 Conakry
(00224) 60 20 85 08
harmattanguinee@yahoo.fr

L'HARMATTAN COTE D'IVOIRE
M. Etien N'dah Ahmon
Résidence Karl / cité des arts
Abidjan-Cocody 03 BP 1588 Abidjan 03
(00225) 05 77 87 31

L'HARMATTAN MAURITANIE
Espace El Kettab du livre francophone
N° 472 avenue Palais des Congrès
BP 316 Nouakchott
(00222) 63 25 980

L'HARMATTAN CAMEROUN
Immeuble Olympia face à la Camair
BP 11486 Yaoundé
(00237) 99 76 61 66
harmattancam@yahoo.fr

L'HARMATTAN SENEGAL
« Villa Rose », rue de Diourbel X G, Point E
BP 45034 Dakar FANN
(00221) 33 825 98 58 / 77 242 25 08
senharmattan@gmail.com

611166 - Juin 2015
Achevé d'imprimer par